历届状元向你倾吐高考秘诀

★高效率学习方法　　★独特的心理平衡法　　★倒计时备战锦囊

等你在北大

李朕飞◎主编

U0754320

台海出版社

图书在版编目（CIP）数据

等你在北大/李朕飞主编 . —北京：台海出版社，
2019. 8

　　ISBN 978 - 7 - 5168 - 2441 - 2

　　Ⅰ. ①等… Ⅱ. ①李… Ⅲ. ①高中生 - 学习方法

Ⅳ. ①G632. 46

中国版本图书馆 CIP 数据核字（2019）第 217747 号

等你在北大

著　　者：李朕飞

责任编辑：王　萍　　　　　装帧设计：于　芳
版式设计：孙元武　　　　　责任印制：蔡　旭

出版发行：台海出版社
地　　址：北京市东城区景山东街 20 号　　邮政编码：100009
电　　话：010 - 64041652（发行，邮购）
传　　真：010 - 84045799（总编室）
网　　址：www. taimeng. org. cn/thcbs/default. htm
E - mail：thcbs@ 126. com

经　　销：全国各地新华书店
印　　刷：三河市宏顺兴印刷有限公司
本书如有破损、缺页、装订错误，请与本社联系调换

开　　本：880mm×1230mm　　　　1/32
字　　数：205 千字　　　　　　　印　张：6
版　　次：2019 年 11 月第 1 版　　印　次：2019 年 11 月第 1 次印刷
书　　号：ISBN 978 - 7 - 5168 - 2441 - 2

定　价：35. 00 元

前　言

　　一直有个期待——以我们力所能及的方式，还每一位在高考边缘饱受煎熬的高中生朋友以快乐、自由和梦想成真。直到此刻，当我们把这些高等学府优秀学子们的学习心得及心路历程结集出版成书时，我们绷紧的心弦才得以松弛。

　　用真诚作注，这是我们始终不遗余力的方向。因为我们懂得，此时的你们最需要的是真诚的理解和宽容的关注。虽然高考会让年轻的你们不堪重负，但人生是一个漫长而精彩纷呈的旅程，我们又何苦苛求一时的成败呢？

　　当然，这不是让大家回避高考，而是要淡然处之，坦然面对。况且还有许许多多走过高考的"过客"站在你们面前，成为你们的参照，给予你们以指导。

　　诚然，踏入大学之门，并不完全是人生价值的体现。但，作为"十年寒窗"的终结，大学依然是众多学子为之奋斗的方向。因此，面对高考，许多考生困惑、迷茫、无所适从，进而走入极端。所有这些都令我们深感痛心，帮助这些学子们早日从这种烦躁不安的困境中解脱出来，并走向成功，正是我们出版此书的目的所在。

　　或许，这点滴之言，于你、于诸多学子并不能裨益其全部，我们也没法将高考的奥妙尽收录其内。我们怕的就是偏见，因为每一颗年轻的心都喜欢憧憬快乐的人生，可生活的故事充满了喜剧与悲剧。你们是主角，我们教你走向成功之时，也应教你坚强，敢于面对失败。磨炼脆弱的本身，不也是你人生一个成功的伊始吗？

本书的每一篇文章，经过了精心的挑选，内容尽其所能地为高考中的处境提出了解决方法，其中不乏精辟而独到的见解。这些优秀的天之骄子字语之间充满了对后继者的关爱之情，也言表出对往昔生活的留恋与缅怀。

对于美好的学生时代，即使是高考在望，我们也应以平常心对之。太多的名利于心，会让你背负过重的包袱，于高考、于人生不利。在众多的高考话题中，我们的目的不在于渲染它的利，而是防其弊。因为人生就是一个不断地起程、不断地上路、不断地回首的过程。

看看这些优秀学子可爱的文字吧，在风雨来临之前，他们对学习、生活的态度，是否值得借鉴，让你有所感触？因为，他们刚从这"围城"中走出，而你们却正在朝这"围城"走进。要知道，我们多想设更多的路标，只为不再有迷途的孩子！就让我们扫尽荆棘，把路踏得更平些吧，即使成功是那样遥远而艰苦。

以此之心，换彼之心。我们多希望这本书能帮助你顺利通过高考，并走向成功。就让我们和你一起上路吧！——为你的明天喝彩，并祝愿你走向成功。

相信自己吧，因为这里有我们的期待——

等你在……前面！

编　者

目　录

姓　　名：吕　晓

名　　次：云南省文科第四名

院　　系：北京大学光华管理学院

毕业学校：曲靖市第一中学

业余爱好：书法，长笛

人生格言：当你想放弃的时候，请想想当初为什么坚持走到了这里。

认为学习最重要的是：时间分配

高考成绩：665 分

成在坚持

　　我来到了未名湖中央的石舫上，望着远处清秀俊逸的博雅塔，梦中的记忆和现实的对照开始一次次地在脑海中闪现。曾经有多少次心系这里的美景，有多少次仰慕这里的风姿，而现在，梦想终于成为现实。

　　"青春是一场远行，回不去了。"还记得高三时《逝去的青春》这部电影刚刚上映，我们埋头苦读，为自己的目标而奋笔疾书，班里没有人会在乎这样一部言情的电影。高考后，约上几个好友去看，才发现，曾经让人刻骨铭心的高三，竟和电影有着离奇的相似。当你经历它时，为它痛苦，受它折磨，被它约束，当你走过这段时光，才发现，这是一份多么难忘的回忆，曾经年少无知的我们，需要这样一段奋斗的时光，让我们成长，让我们怀念。

　　又是一年开学季，当我踏入北大校园时，也会想象着，曾经的教室早已又坐满了另外的人们。甚至也会偷偷地猜测，是否他们的表情，也会和曾经的自己一样，带着一丝故作严肃的表情，偷偷打量周围新鲜的环境。每个人的高三都是不同的，但为着一个简单目标不懈奋斗的心情却是相同的。

"贵在坚持，难再坚持，成在坚持。"记得这十二个铿锵有力的大字被贴在教室的墙壁之上时，我还在为高二踏入高三的迷茫而发愁，忽然看到这些字，慌乱的心似乎有了着落，开始默默地告诉自己，最后一年，全力以赴，实现自己的梦想。

高三了，各种大考小考如期而至，虽然早有耳闻，但自己实际经历时还是会感到措手不及。果不其然，一开始的地理测验，成绩再次刷新了低点，64 分。当时看到这个成绩的时候，我表面上还是若无其事，勉强撑过了一天的学习，回到家里，关上房门，狠狠地哭了一场，觉得自己好差劲，好长时间才缓过来。而且，我还为此持续了很长一段时间的低迷，感觉现实离目标是那么遥远。后来，老师找我谈心，说："记得高二你一开始也考得不好吗？我还训你说选文科不是为了重点，就是只有一个目标，北大！当时的你信誓旦旦，现在怎么退缩了呢？"听到这句话，我感觉麻木的心中再次注入了热血。回首高一下学期文理分科，自己文理都不错，本想听家人的劝说选理科，以后选专业好选，但自己就因为倔，理科差一点进 A 班，选了文。当时就告诉自己说，你选文不是为了仅仅考个好大学的，你是让那些曾经对文科鄙夷的人后悔！你的目标就是北大！终于，我不再为一次的成败耿耿于怀，我开始认真审视现状，并且迅速做好了备战准备。

首先，针对第一次考试，我发现我的薄弱科目是地理和历史，强项是数学和政治，不错的科目是英语和语文，于是，我制定了如下计划：

1. 每天练习地理选择题和历史题各一套，大概是 23 道选择题左右。选择的参考书是金考卷系列的小题狂练，原因一是看中了上面的题都是选择题，适合培养题感；二是看中了上面的题都是各省市的模拟题或者高考题，比较经典，事实证明，这种做法是极其有效的。

2. 数学和政治跟着老师的脚步走，数学主要着重积累错题，而且是分门别类，有条理地记录。曾经很长一段时间内，我的数学错题量倒是很大，记了厚厚一本，但都是逮到题就抄上去，导致不同知识点的东西都记到一块儿去了，不便于各个知识点各个击破。现在采取把题目分类记录，不仅便于查找，还可以分析相似题目的内在联系，进步很大。后来，这种厘清顺序，讲究分类意识的思想贯穿了我高三所有的记笔记理念。看到后来整整齐齐、十分规范的笔记本，自己复习的心情都会好很多。政治是文科中的一个比较看重知识构架的学科，我将四本政治书的纲要理得清清楚楚，这样答政治大题时点不会漏掉，非常全面。

3. 英语和语文是典型的两门狂练效果不会很明显，但不练退步也会非常厉害的学科。相信很多同学和我有同样的感受吧，有的时候，语文选择题会错得让你觉得非常离谱，而且往往是没有预兆的那种，自己就很郁闷，自己的思路怎么突然就会变得那么怪异。同理，在英语阅读和完型上也是一样的。对于这两科，我提出的方法是这样的，英语每日一篇完型两篇阅读，语文两天一套选择题（只是选择题），而且我选择了一天下午吃饭回来的那段时间，在我看来，这是我一天状态比较不错的时刻。在这样的时刻，总会收到事半功倍的奇效。

在我的高三的前半段中，我基本秉承了这样几个思想：

循序渐进，不求捷径。

查缺补漏，重点突击。

条理清楚，逻辑清晰。

我觉得，高三备考应该是科学的，不应该只是盲目刷题，更重要的是一个人对自己目前形势的判断能力和进行下一步计划的分析能力。我们应该有一颗坚强的心，但是我们更应该有理智的头脑。

果然，我照着我的计划前进，我的成绩慢慢地上升了，稳定到了年级前五左右。虽然在这个过程中，有的时候付出了努力，感觉收获还是不是很明显，但我觉得目标远大的人，就不应该计较每次的汗水是否是化作了成绩还是随着空气蒸发，而是看每次自己没做到什么，这个时候，我们应该不计回报。

后来，经过了难熬的适应期，我的高三已然步入正常期，但很快又遭遇了瓶颈。考试依旧，刷题依旧，而成绩，还是依旧。为此，我郁闷了很长时间。为了能让自己的成绩更上一个台阶，为了今后不与北大擦肩而过，我又像一个不知足的孩子一样，整天在休息的时候想，我还可以怎么做，让我的成绩再增加几分，让我的优势再凸显。

人类的潜能真的是可以无限发挥的，首先，我想到最简单的方式，就是延长学习时间，晚上12点睡，早上六点半起，中午休息20分钟。晚上上晚自习时实在太困，就喝一杯咖啡提神。我想说的是，这个方式很奏效，我用这些挤出来的时间，又做了更多的题，看了很多遍的教材，背了更多遍的知识点。很多人不愿意写自己高三的时候怎么苦，怎么累，但是，我想说的是，我遇到的最后考得好的人，都是这么过来的。有一个哲人说得好，"未曾长夜痛哭者，不足以语人生"，我想说的是，未曾拼命学习者，不足以语高三。我们应该用现在的努力，去换取一个不后悔的将来。

当然，和我之前说的一样，高三复习备考是一个科学的过程，单单用时间和别人赛跑自然是不够的，而且，高三快高考的那三个月，那时间是相当宝贵，好钢必须用在刀刃上，于是，在高三后期，我又制订了第二步计划：

1. 文综回归课本。何谓回归？大概就是把你高中学的知识再重新复习了一遍，把应该记住的东西再重新记忆一遍，我觉得这项工作非常关键，到后来的省上统测，或者是市上统测，都特别注重回归课本，而高考之前的几次模拟测试含金量非常之高，应该得到重视。于是，我给自己重啃课本下的规矩是——不留死角。我坚持要求重点内容必须记住，实在不行，默写都要把它们给写下来，虽然这个过程会极其痛苦，但是真正经历过高考后才会庆幸，当时的自己是多么的明智。因为很多题的答案，只要你看过课本，就会发现它的答题模板就在书中。

2. 所有科目开始练整套的试卷进行强化。大概是因为高三上半段做的大多是分块练习，所以感觉知识点是散的，很多东西分开来，经过专题的训练，大多都已熟烂于心，而真正做过套题之后，才会发现实地考场中，一些时间的分配，知识的联系，都是需要在成套的题目中才可以训练出来的。这个时候的试卷，是复习的主要阵地。

3. 重做高考题。一直都觉得高考题是最最经典的试题了，之所以把高考题的训练单独出来制订计划，主要归结于自己在做题过程中对试题的研究。反观近三年高考卷，发现很多地方都有着惊人的相似，有的地方甚至已如约定俗成一般，比如可以看 2011 年和 2012 年新课标的文综卷，都考察了地理的等高线，甚至连画的方式都如此相似，而后面的政治选择题也有惊人的类似，今年考过的文综，仔细回想起来也和曾经的高考题有几分相似，如果你是一个足够灵活和善于变通的人，只要认真做完了今年来的高考题，你会对未来的命题方式有一定的剖析能力。就我自己而言，我看过文综高考题的主观题答案无数遍，我发现它的趋势就是政治题重视自己总结和时政，地理讲究基本方法和技能，历史要求史料论据结合更加明显。这些东西或许你觉得不是实实在在的能让你押到高考的原题，但是，这种思维方式却深深地留在了脑海中，对你高考中的思考方式帮助特别大，我想，这可能会是我这次高考中文综考得特别好的重要原因。

总而言之，高三的下半段，我秉承的思想是：

精益求精，好上加好。

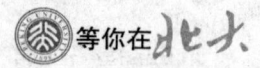

心态平和，不骄不躁。

认真分析，切忌放松。

本文写到这里，本来也该收尾了，但是，我还是想谈谈高三的心态问题，在高三，良好的心态可以说决定了一切。

曾经听过一首歌，叫作《达摩流浪者》，里面有一句歌词让我记忆犹新："我们是永永远远不变的，永远的年轻，永远的热泪盈眶。"高三一开始的我们，的确是这样，热血沸腾，胸怀天下，几乎每个人都有一个清华北大的梦，但是，现实往往是，我们的勇气和激情在一次次大考小考中被消耗殆尽，最终，很多人选择了向现实妥协。这个时候，我们应该静下心来好好想想，当初，到底是什么东西支撑着我们走了那么远，是梦想吗？不全是，大概是我们一开始投入的精力和汗水，如果现在放弃，才是真正的没有收获。这个时候我们需要平和的心态，要练就一颗强大而平和的心。面对失败，不要失望，不要放弃，要相信黎明前的黑暗总是如此，只要你坚持过了，才会发现，曾经的一切原来都是过眼云烟。这也是为什么我将本文起名为《成在坚持》的原因。高考，考验的不仅仅是我们的学习能力，对于我们的抗挫能力更是一个巨大的考验。只要你坚持了，最后的结果总不会太差；只要你坚持了，曾经痛苦难过的日子，最终总能让你笑着说出来。

最后，祝学弟学妹们金榜题名，未来人生路越走越宽！

姓　　名：周培京

名　　次：许昌市文科第一

院　　系：北京大学历史学系

毕业学校：河南省禹州市第三高级中学

业余爱好：围棋，羽毛球，台球

人生格言：古之成大事者，不唯有超世之才，
亦必有坚韧不拔之志。

认为学习最重要的是：毅力、态度

高考成绩：617 分（数学 149 分）

我的青春，以怎样的姿态走过

感悟篇

　　十月的秋，多了一丝凉意与萧瑟，萧萧的秋风，又吹醒我挥汗奋斗的青春和那时我同样火热的梦想。如今我望着未名湖，心中除了一丝欣喜与期待，更多的却是一份失落，因为我怀念，怀念曾经的那份执着，怀念我有悔无悔的青春，怀念我爱过和永远爱着的那些日子……

　　中学之前，我并不是人们眼中的好学生。我并不聪明，也不善于交际，所以在我和别人眼中，我只是个普通学生。感谢我的平凡，它赐予我的平和心态改变了我之前的十年，我相信也将改变我的一生。因为这份平和，我便不会在成功的时候自傲，也不会在失败的时候自卑，因为我知道，我很普通。

如果说我有一丝不普通，那么这一丝不普通就在于我有一颗虽平凡却不甘平凡的心，在于我相信努力会有收获，在于我相信我也可以优秀。

高一结束，我们分了科，从来矢志学理的我，却在文科栏里写上了我的名字。我曾经不止一次地想过，这是一种逃避、一种妥协，还是一种无奈？现在我才明白，这，或许是一种冥冥之中的注定。

如果你在校园里见到过我，你就会知道我的刻苦与努力。那时候，我真的把我的潜力发挥到了极点。除了学习还是学习，因为我不知道，不学习我还可以干什么。

我会在阳光的午后望着窗外独自发呆，只有在那时候，我的脑子里才会什么都没有，才会最邈远。这，可能是我高三干过的最奢侈的事了，我喜欢这种感觉，喜欢在梦想的飞行中整理翅膀。

我的努力的目的并不宏大，甚至于在高考成绩出来之前，我从未真正考虑过北大，因为我不敢。我所能的，只是为了我还不清晰的目标而努力。"谋事在人，成事在天"，这句话成了我最后冲刺时的信条——唯有努力才是我的，结果不关乎梦想。但我也相信，努力不会没有收获，成功最终会在我手中。

我曾经无数次地想过我的高考，但我没想到的是，我会坐在那里，安静而平和，似乎这只是我参加过的诸多仪式中的一个，只是这次，它纪念的是一种回忆的结束和某种所谓的解脱。

6月8号那天下午，夏日的阳光很是灿烂，我还记得踏出考场时我满脸的阳光，感觉圣洁而恬谧，没有那种所谓的狂喜，只有一种出乎意料的平静，静得仿佛我的一生都凝结在这一天。

成绩出来后，我知道，原来只要人谋尽力，上天也会帮你成功——这是我考过的最好名次，是一个我从未幻想过的名次。它让我知道，奇迹总会出现，而它只会是努力的产物。

高考后我整理了一年来用过的各种复习资料，整整摆满了几个大箱子，每一份都是破破烂烂，这是我把它们翻了一遍又一遍的后果。别人总觉得我一直都是那么优秀和一帆风顺的，其实只有我自己知道我的生活是怎样的，虽然我一点都不觉得痛苦，但辛酸还是包裹住我的身体，包裹住那个阳光灿烂的日子里想哭的我。我还记得当数学遇到瓶颈期时自己坐在座位上盯着一道题整整三节课时的执着，还记得我为了梦想对每一个知识点不离不弃的疯狂。我一次次告诉自己这是上天的巧妙安排，让我在高考前吃尽了苦头，这样我就可以在高考中顺利过关了，也一次次在彷徨和迷茫中走了过来，因为我一直相信，我们的未来都不是梦，未来的成功与每个人都是等距离的，从来只有拼出来的美丽，没有等出来的辉煌。现在我不知道该怎么说我的学习方法，也许我的方法就是一叠加一叠的"题海战术"和一轮加一轮的总结。

前几天，我又回了一趟学校，看到高二学弟学妹升高三时的那份紧张与期待。我知道，高三真的离我远去了，我再也尝不到那种为了梦想而奋力拼搏的美丽味道，心中怅然若失却又若有所得。

我的高三，有激昂也有低迷，有幻想也有现实，有为了梦想而执着，也有为了失败而暂时放弃。但我很幸运，我没有永远放弃，也没有永久沉迷，因为我相信，没有什么不可能，我为之奋斗的东西总会眷顾我。

我很幸运，我的高三以一种无悔的姿态走过，我将带着这种执着

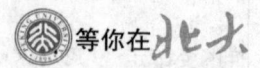

与激昂，以一种同样无悔的姿态走向明天。

方法篇

高中文科的学习特点，就是入门简单精通难。所谓"入门简单"就是指读读背背就可以初步了解，达到及格线附近。"精通难"就是说要更上一层楼，达到精通的程度，则要在读背中理解，读背中感悟，甚至在读背中升华。所以对于文科生，基础在读背，升华在理解。

数学："海"中遨游，瞄准航向

数学作为理类学科，需要的是灵活性与思维力。这两个特点就决定了数学的题海战术不能只是盲目积累题量，而是要在大量试题中锻炼思维，灵活思路，达到以不变应万变的境界。所以我主张，难题要"抠"，易题要"熟"。所谓"抠"，就是在第一遍做的时候要尝试各种方法，第二三遍温习的时候要仔细研究本题的入手点、知识点、技巧以及步骤组合。所谓"熟"就是要在做题中使简单题达到熟练的程度，压缩做题时间，从而在考试中为难题省下宝贵时间。总之，数学的题海战术要有目的性。

英语：单词积累，阅读飞跃

英语是一门一通百通的科目，所以会出现两极分化现象——优秀的特别优秀，差的特别差且付出多收获少。而英语差的根源在于基础（单词、语法、句法）不牢，导致整个知识体系不稳。而要解决这个问题，基础在于单词、语法，升华则要靠阅读。

词汇作为组成语言的基本单位，是最琐碎也是最基本的知识，所以背单词是学习英语的基础。而背单词的方法，就是汉译英之后再英译汉，对照英语背汉语的意思，同时，把单词放在好句子里面去记忆，不仅可以把单词记得更牢固，语法更熟练，更可以在阅读文章时更顺畅，学会了灵活运用，也为写作积累了优美句子。作为一门语言，阅读是英语的关键，而在阅读过程中，关键是要揣摩文章主旨与西方式的表达。众所周知，东西方文化不同，所以表达方式亦不同，在阅读英文文章时就要揣摩西方人的表达习惯与西方式表达的内涵。总之，对于英语语言的学习，要抱着初学者的心态，切勿先入为主，要一切从实际出发，联系具体语境，达到熟练掌握、灵活运用。

文综：小题狂练，大题冲关

文科综合中，选择题（即小题）与简答题（即大题）几乎各自占据了半壁江山。选择题的特点是准确、唯一、以小见大。针对选择题的这些特点，平时学习训练中要注重知识的严谨性与全面性，即关键字句要做到一字不落，次要字句要熟悉略懂。同时要特别注意提高思维的逻辑缜密性，对一道题要从多个角度思考，最终定位于一个答案。所以平时选择题要多练，对每一个答案要有多个理由证明其成立。而简答题的特点是综合、理解、凝练。鉴于此，平常训练中要注重理解，全面解析材料内涵，"压榨"材料。而组织答案时要紧扣材料，尽量概括凝练，同时又要全方位、多角度思考，要尽量发散思维，在题意范围内多想、远想。总之，对于文综三门的学习，要注重思考、理解，在平常读背中要多思考为什么、怎么用，在做题后反思中要多理解出题意图与导向，多思考答案的必要性与合理性。而高考题和答案无疑是反思的最好模板，故而在平常学习中要以高考题为导向，研究其出题特点，最终与高考接轨。

综合起来，学习应该多思考分析。首先，静下来思考自己的最终

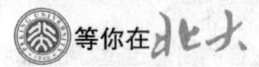

目标是什么；然后，分析一下自己现在各科的情况，哪些是强项，哪些是弱科；最后，要达到目标各科应该做的努力，用"信心恒心决心，毅力意志"（三心二意）去完成目标。但是在行动的过程中，重要的是做到有心，经常做总结，总结不是单单把题抄下来，正确答案写下来就算完事了。问题大概分成三类：1．一看就会，一做常错。这类题尤其要注意，大家常常觉得这是粗心造成了，不以为意，其实是最基本的概念模糊不清，所以对答案选项会模棱两可；2．一看就懂，一做就乱。这说明知识点有漏洞，以上两点，最好的解决办法是建好错题本，知道自己该学什么，什么不用学，避免平均用力和重复用力；3．一看就蒙，一点就透。这些知识点是我们容易遗忘的，也是没有思路的，所以要加强题型分类，掌握解题思路和步骤。如此做到"总结一道胜做十道"，而不要盲目在题海中游泳。

要养成写周记的习惯，把一周内容做一总结，并写出下周计划，这样会进步很快的。而要做到这些，最基础也是最关键的就是：避免眼高手低。

除了方便实用的学习方法外，生活中的调节与动力也是有效学习的必要方面。学习紧张之余，与同学、父母、老师交流沟通不仅可以缓解压力，更能够开阔眼界，提高效率。和他们畅谈人生可以为学习生活增添美好的期许，提高对人生与学习的感悟，从而为枯燥的学习生活增添一抹亮色。而敦促自己学习的动力既可以是对梦想的执着，对未来的期待，也可以是自身不服输的韧劲。而它们才是人生路上高中途中我们所获得的最宝贵的财富。

最后我想说，我相信坚持与毅力的力量。所有的方法，都不如一颗永不懈怠和永远火热的心。

后　记

漫漫人生路，高中时光是渡口，引渡我们从青涩走向成熟，从期待走向怀念，从现在走向未来。偶尔溅湿的衣角是遗憾，却也是点缀。而今回首，却由憎转爱，喜欢上了这段时光，但已不能重来。我只能继续努力前行，继续期待，那份美好。

姓　　名：宋　洁

名　　次：湖北宜昌市理科第一

院　　系：北京大学光华管理学院

毕业学校：湖北省宜都市第一中学

业余爱好：弹钢琴，游泳，瑜伽

人生格言：成功需要"四分"，即天分、勤

奋、缘分和本分。

认为学习最重要的是：学习方法

高考成绩：678 分

学习经验分享

在今年的高考中，我有幸以语文 127 分、数学 127 分、英语 143 分、理综 281 分，总成绩 678 分的高考成绩获得了宜昌理科状元的"桂冠"，并被一直以来的梦想大学——北京大学光华管理学院所录取。回忆起刚刚过去的高三，其实最令我动容的，还是与之有关的那些挥之不去的纯白年代的记忆。怀念高三奋笔疾书终不悔的日子，怀念高三聆听的花开不败的故事，怀念高三墙壁上写的"杀进××大学"的标语，怀念每次月考之后的泪水与笑言，怀念高考前忐忑不安的心情。现在，毫无疑问，高中时代已经落幕，所有关于高中的点点滴滴也只能称得上是回忆了。我的高中，不华丽，不唯美，不动人，不轰动，却埋藏着属于我的少年事和酸甜苦辣。我知道，我应该用笔记下我的一些感悟，这其中既有我的学习经验，又有着我的人生体会，真心希望这些粗糙的文字能对学弟学妹们有所帮助。

1. 快乐学习才没压力

首先，我觉得就是不要把学习当成负担。要快乐学习才会没有压力。我这个人求知欲比较强，对学习很有兴趣，所以就不觉得痛苦，这样学起来自然就学得好了。老师和父母也给我提供了一个宽松的环境，在这样的环境里，我虽然成绩很好，但我平时并不看重成绩。用这样一种心态去学习，才不会因为要得高分这样的功利心让自己压力山大，才会全心全意地投入学习中。

2. 明确自己的目标

我记得我的班主任曾问我希望考上的学校是什么。我对他说那应该是需要我跳起来才能够得着的果子。顺手就能摘到或跳得再高也不能够得着的都不叫目标。学习目标不能太高，也不能太低。太高了，会觉得太难而丧失信心；太低了，会觉得太容易而丧失积极性。如果你目前是中下游水平，那么学习目标就应该是进步，如果是上游水平，那么学习目标就应该是稳步。根据自己的情况制定自己的目标，只有当你总想跳起来去摘学习果子的时候，才是找到了方向。高考需要策略，盲目的学习是要不得的，策略的第一步应该是明确自己的目标，有目标才会有动力。

3. 有属于你自己的好的学习习惯

一个好的学习习惯可以帮助我们达到事半功倍的效果，也会让学习变得有条不紊，不杂不乱。首先，上课要认真听讲。上课的时间是要充分利用的，因为那是同学们注意力能够高度集中的时候。所有的知识需要当堂理解，并且紧跟老师的思路，避免开小差。有一个小方法，就是上课时目光跟着老师移动，可以尽量避免走神，也便于老师监督。特别要提一下，有些老师讲课时会出现"离题"的状况，同学们一是可以提醒老师，二还可以将刚才老师讲的东西巩固一遍，充分利用课堂时间。其次，要养成预习和复习的习惯。如果在上课前已预习，甚至只是浏览过课本内容，上课时思路就会更活跃，也有助于理解课堂内容，加深记忆。还可以记下不懂的地方，上课时着重注意。所谓"温故而知新"，复习自然也是必不可少。在高一、高二时，同学们往往只在考试来临的几天里抓紧复习功课。但如果每天将学到的内容巩固一遍，效果也是十分显著的，通常只需要大致将重点知识记一遍即可。再者，要与老师交流，勤学好问。记得刚上高中时，看到有同学下课了拿着书去问老师难题，还觉得好生奇怪。然而到高年级以后，自己也成天"缠"住老师不放，并由此受益匪浅。尽管遇到难题可以问同学，但向老师提问时，老师会将一些类似的知识串联起来，提高学生的跨越理解能力。因此，请大胆地向老师提问吧！我们的口号是："不让难题过夜！"最后，重视笔记。许多科目都需要记笔记，而笔记的记法也不尽相同。例如我们的历史书上空隙很多，就不用专门的笔记本，而是直接写在书上；英语要记的新单词较多，所以要准备特殊的笔记本。而记笔记也是一门学问，看到清晰有条理的笔记，心情也会好很多，也可以提高学习效率。

4. 学会总结和反思

首先我们要学会对题目进行总结和反思。在高中时，跟其他的同学交流学习经验，我反复说的一点就是：做题要追求"真会"，也就是说，会做这道题是第一步，明白为什么这样做是第二步，能由此及彼做会一类题是第三步，而最高境界，就是把解这道题的前因后果、来龙去脉深入浅出地给别人讲明白。做题要达到"真会"，不二法门就是总结和反思。对一道具体的题目而言，在做完之后，要及时地分析、归纳、总结。重新审视题目关键的条件和问题，找出"题眼"在什么地方，这是提高自己审题的能力，或者说接受、挖掘信息的能力；然后看看这道题涉及的是什么知识点，顺利解题需要的方法是什么，弄清考察的内核；再回顾一下解题思路，第一步是什么，第二步又是什么，把每一个步骤都穿成一条线；积极思考一下为什么要这样做，还有没有别的方法，有无创新之处；跟以前做过的题目进行分析对比，争取做到举一反三。当然，也不是每一道题都要如此，是否有价值进行这样的思考完全由你自己把握。对一类题目而言，也要善于研究它们的共性，总结出规律和适用范围，或者由一道题的巧妙解法推而广之，争取变成一类问题的通解。其次，我们也要学会对考试进行总结和反思。考试是难得的训练自己的机会，在特定的时间、特定的地点、特定的气氛下，你需要调动各方面的能力。每次考试前，我都会在一张白纸上写满通过本次考试要达到的目标：要注意克服哪些易犯的错误，尤其是要克服前几次考试中暴露出来的共性的失误；要积累哪些经验，应用哪些技巧，比如选择题中的特征值法；要在多长的时间内完成卷面各部分，比如，争取 35 分钟内完成数学试卷中的选择题和填空题；要培养锻炼哪些考试应试的心理素质等。也就是说，我们要把考试看成是一个完整的流程，包括考前准备、考场发挥和考后调整三个阶段。同学中存在的误区往往是只注意考前的准备和考场的发挥两个阶段，对考后调整注意不够。事实上，高考之前的每一次模拟考试，最重要的就是考试后的总结与反思，只有这样，才能认识到自己的薄弱环节，不断提高考试能力。所以，有心的同学一定要注意做好健全的考后调整，不断提高自己的实力。

下面，我再针对不同的学科谈谈我自己的学习方法：

1. 语文

语文学习中要用好三个本子。除了学校和老师要求的语文用本外，我倡导同学们手中还要备三个本：知识本、杂记本和随笔本。知识本是用来记录语言和文学方面基本知识的，可用于随堂笔记和个人整理。经过初中学习，绝大部分的语法知识和语言现象都有触及，但限于理解能力，许多同学是一知半解，头脑中的知识点是支离破碎的。到了高中，有必要对其进行系统梳理。同学们可参照有关讲解，从字形、词语、标点到句法、修辞，用一年时间归纳整理，同时对文学常识、写作知识等注意搜集，可构建起自己语文知识的框架体系。杂记本是一个极广义的称谓，针对的是语文学习的包罗万象，无所不及。从妙辞佳句到到精美文章、从历史掌敌到民间俚语、从术语名词到文学流派、从文学描摹到专题研究，可做随时的大量的摘录抄写。此本要常备手边，成为语文资料的重要积累。如果说以上意在汲取，那么随笔本则是用于创造的写作园地。这里没有老师的任务，有的是触景生情、有感而发、熔铸古今、笔下生花。好文章常常是切实有感后带着强烈的创作冲动而形成的酣畅文字。同学们一定要多积累、多感触、多思索，勤于动笔，养成良好的笔力文风。

2. 数学

专心听讲是第一位。不知道同学们有没有这个感觉：数学书上那些例题，我一看就懂，老师还不是都照着书讲下来，还不如我自己看。事实证明，自以为是的确是不好的习惯。同样的例题，自己看懂与听老师讲懂是完全不同的两种效果。因此，数学课上专心听讲是绝对的第一位。数学是一个很重要的学科，也是以练习为主的学科。建议同学们在课外多投入些时间做题，并且要在心里重视数学。还应该准备一个错题本，老老实实地将每次错过的题抄在上面，并写上正确的解题思路，变不懂为精通。请数学稍差的同学一定不要放弃这门学科，哪怕到最后一学期，也不能放弃。只要按照老师说的去做，只要踏实地付出了，就一定会有奇迹出现。永远不要放弃拼搏，因为奇迹只发生在相信奇迹存在的人身上。

3. 英语

对于非英语环境中的学习者而言，既然很难给自己创造一个"听力"的英语环境，选择用"阅读"来给自己创造一个小的英语环境，就是最现实的方法了。我们在背诵单词和语法的时候，一个一个的单词是不会给你带来英语思维的。而当你认真地阅读一篇文章的时候，慢慢地就会被带入英语环境中去了。此外，从考试的角度来看，阅读理解也是我们英语考试拿分的核心。一方面是它在整个试卷中的分值大。各种英语考试，包括国内和国外的，阅读理解都是分值最大的一块。另一方面，阅读是其他任何一种题目的基础，包括听力、语法、改错、选词填空、写作等。阅读量大了，对语法和单词的掌握必然会更加熟练，通过阅读来理解和记忆单词语法比死记硬背效果好得多。阅读水平上去了，写作水平自然会跟着提高。而听力也和阅读的关系非常密切——对我们这些没有生活在英语环境中的人来说，我们的听力水平永远不会超过我们的阅读水平。如果一篇文章不能快速读懂，那么也就不可能指望我们能把它听懂。所以说，快速提高英语的核心在于加强阅读，提高阅读能力。只要阅读理解的能力上去了，英语成绩必然会有很大的提高。在平时，应该多读一些英语材料，这是泛读。不过今天我主要围绕考试来谈，也就是落实到怎么样做阅读理解上。我自己做阅读理解可以分为四个步骤，我曾经把这四个步骤教给很多同学，只要能按照这四个步骤做下来的，一两月之内，英语成绩基本都有很大的起色。第一步，是先看问题。问题下面的选项可以稍微扫一下，不用认真看。这样做的目的是快速了解整篇文章的大概意思和考点。也就是说你把题目看完了之后，基本就知道这篇阅读理解在讲什么了。因为有的阅读文章的写作方式不是"开门见山"式的，往往会先闲扯两句，然后慢慢导入主题。很多人上来先看文章，一看开头——看不懂，不知道作者想要说什么，然后就晕了头，后面的内容也就跟着糊里糊涂起来。所以我们先看题目，知道全文大意和考点，即使看文章的时候有些地方看不懂，也影响不大了。第二步，就是认真地把全文阅读一遍，然后做题。这前面两部，是我们做阅读理解的常规步骤，在考场上，也就按照这两个步骤来就不错了。完成前面那个步骤，每篇文章需要用的时间大概是 12 分钟。但是，在平时练习中，也这样做收效不大。只阅读一遍，看个半懂不懂，糊里糊涂地选择几个选项，然后对一下答案。这样我们花了时间，实际上没有什么收获。花了很多时间做了很多英语题目，却还是停留在原来的水平。所以说在平时练习中，既然做了一篇，就要吃透一篇，理解一篇，收获一篇。这样即使在某一篇文章上花的时间多一些，效率却比流水一样的做很多篇阅读理解要高得多。第三步，要对照参考答案。但是不能简单地知道正确答案就完了。对于自己做错的题目，包括那种没有把握但是"蒙"对了的题目，要认真地对照原文，理解清楚为什么这个选项才是正确的。这个过程，就是再重新阅读文章和理解题目的过程。第四步，在把问题都梳理清楚以后。我们要再回过头来认真地读一遍文章，这个时候可以查字典，理解一些生词的意思（注意：不要去背诵没有在课堂上学过的新单词！）在此基础上，保证自己把这篇文章的每一句话都彻底理解了。把每一句话的意思和语法结构都要弄清楚。这样四个步骤下来，我们对于这一篇阅读理解才算彻底吃透吃通了。这样，本来12分钟就可以搞定的一篇阅读理解，可能要花差不多半个小时。但是，这比我们花半个小时做三篇阅读理解的效果要好得多。因为你真正收获了、进步了。按照这个方法，每天哪怕只做一篇阅读理解的题目，一两个月坚持下来，我们的英语成绩必然会有很大的提高。最后要说的是，选择这样认真彻底理解的阅读理解的文章不要太难，应该跟自己的水平相适应，这样做起来才是效率最高的。

4. 物理

①要有很强的自信。很多同学，特别是女同学，在进入高中之前，或者在刚进入高中的时候，就被"高中物理难学""女孩子天生不是学理科的料"之类的观点吓住了，从心理上给了自己一个消极的暗示，还没有开始就给自己戴上了沉重的枷锁。初次接触高中物理，你就要充分相信，凭自己的努力，一定可以学好！乐观对待，付出实在的努力，你一定会成功！②要重视复习和预习。做到上课前对将要学习的知识有所了解。这样在听课时，能将注意力很快集中到最重

要、最关键的知识点上，提高听课效率，丰富感性认识，从而验证自己预习时对知识的理解，掌握所学的知识，也为自己在课外少留疑难问题，以便有更多的时间供自己支配。③要重视观察和实验，物理知识源于实践，特别是源于观察和实验。观察是收集材料，积累数据获得感性认识和认识客观规律的一条重要途径。要认真观察物理现象，分析物理现象产生的条件和原因。要认真做好物理学生实验，学会使用仪器和处理数据，了解用实验研究问题的基本方法。要通过观察和实验，有意识地提高自己的观察能力和实验能力。同时，观察要有目的性，在观察时要明确观察对象、条件、要求及观察的计划和步骤。④要重在理解。学好物理，应该对所学的知识有确切的理解，弄清其中的道理。物理知识是在分析物理现象的基础上经过抽象、概括得来的，或者是经过推理得来的。获得知识，要有一个科学思维的过程。不重视这个过程，头脑里只剩下一些干巴巴的公式和条文，就不能真正理解知识，思维也得不到训练。要重在理解，有意识地提高自己的科学思维能力。要学以致用。⑤学到的知识，要善于运用到实际中去。不注意知识的运用，你得到的知识还是死的、不丰满的，而且不能在运用中学会分析问题的方法。要在不断的运用中，扩展和加深自己的知识，学会对具体问题具体分析，提高分析和解决问题的能力。同时，注重纵横联系。随着高考模式的改革，对同学们学习物理提出了更高的要求。在学习的过程中，不能仅仅局限于掌握本学科知识，而且还要利用本学科的知识，去分析处理其他学科中与本学科有关联的问题。⑥要重视练习。做练习是学习物理的一个环节，是运用知识的一个方面。每做一题，务求真正弄懂，务求有所收获。我国物理学家严济慈先生曾说："做习题可以加深理解，融会贯通，锻炼思考问题和解决问题的能力。一道习题做不出来，说明你还没有真懂；即使所有的习题都做出来了，也不一定说明你全懂了，因为你做习题时有时只是在凑公式而已。如果知道自己懂在什么地方，不懂又在什么地方，还能设法去弄懂它，到了这种地步，习题就可以少做。"所以说，做习题时要做到质与量的有机统一，最大限度地提高学习效率，少做无用功。建议大家准备一个专门的笔记本，用于收集、整理平常练习及考试中出错的问题，让自己在这些地方不再犯第二次同样的错误。⑦要勤动手，不浮躁。常见许多同学，上课时不认真，总认为自己这也懂，那也明白；对自己做错的习题，满不在乎，马马虎虎看过了事；看参考资料，如同看小说，对自己的理解能力、记忆能力、灵活运用能力，总是过于自信……结果却事与愿违，现实经常同这些眼高手低的同学开玩笑。他们在考试时总得不到高分，他人一提醒，对出错的问题就能"恍然大悟"，就是自己独立思考时，不能做出来。听一百遍，看一千遍，不如自己动手做一遍。此话虽然有点夸张，但还是有道理的。

5. 化学

在中学化学中，主要的内容还是以某一种元素或某一族元素为主，学习它们的物理性质，特别是化学性质。每一种元素都是与众不同的，所以学习单种元素的时候，对于元素表现出来的所有性质都要一一掌握。例如学习铁元素的过程中，就应该掌握铁的物理性质和化学性质等重要内容。而学习某一族元素的时候，首先应对这一族元素的代表元素及其化合物的物理性质、化学性质、用途和制法等进行学习，然后从个别到一般逐步地展现这一族元素的性质及变化规律。这样掌握的知识全面牢固，在以后用到的时候就可信手拈来，而不用找课本。化学是研究物质化学性质的学问，所以贯穿于化学始终的是化学反应，所以说学好了化学反应也就学好了化学。例如在有机化学中的种种重要反应，考到的很多，也很重要，是难点重点。但是也有解决这类问题的捷径，那就是对反应本质的理解，以及熟练掌握反应原理、装置、条件、注意事项等内容，这样大部分的题目就可以顺利通过了，剩下的题目也就是再加上数学运算，就可以很容易地通过。对于基础比较差的同学先掌握化学反应方程式的书写就可以提高很大一截。在做题目时有很多的方法可以大大减小运算篇幅，并能起到出奇制胜的效果。下面就介绍几种常用的方法，以供大家参考。① 元素守恒法：在一个化学反应里，改变的是元素的原子的排列结构顺序，而元素的种类个数在反应前后是不变的，这样我们就可以略去很烦琐的中间过程，直接对要求的元素进行求解。例如有这样一个题目：在100g硫酸亚铁样品中含有杂质硫酸铜，把样品溶于水，放进足量铁粉，之后过滤放进足量盐酸，过滤，灼烧残留物得到物质的质量是样品的1/20，求样品的纯度。这个题目就是典型的应用这个方法的例子，虽然中间经过了很多变化，但铜最终都转移到了氧化铜中，则可以据此进行计算，显然要简单得多了。②相关元素法：这是个很简单的方法，举个例子就可以说明问题：现有硫酸亚铁、亚硫酸铁、硫化亚铁三种混合物，其中铁的质量分数为 a%，求氧在混合物中的质量分数。这三种物质仔细看就可以看出每一个铁原子对应一个硫原子，根据铁与硫的原子质量比就可以求出硫的质量分数，氧的质量分数只用100%减去铁和硫的质量分数就得到了。特别的反应现象或条件，例如生成黄色溶液，产生红色沉淀，产生气体，需要高温，需要催化剂等，从这些现象或条件，我们可以联想到我们学过的元素的性质，来与之对应，很快就会找到正确的答案。还有很多在做选择题时的方法：最简单的是代入验证法，即把答案代进题目进行验证；排除法，这个都知道，不必多说。在这种情况下是灵活多变的。在考试的时候，不应当被题量所吓倒，要知道你觉得题目太多，别人也这样认为。要静下心来做题目，但头脑不能慢。要机动灵活地有选择地做题，即遵循先易后难的原则，先把会做的、熟悉的做完。在做简单题目时一定要细心，很多成绩好的同学都是在做简单题目上失分。尤其是对于后面的大题，不会做还不如保证前面会做的得分。这样才会把自己的所学知识显示出来，得到优异的成绩。

6. 生物

对于生物这门学科，我觉得我们首先要掌握规律。规律是事物本身固有的本质的必然的联系。生物有自身的规律，如结构与功能相适应、局部与整体相统一、生物与环境相协调，以及简单→复杂、低等→高等、水生→陆生的进化等。掌握这些规律将有助于生物知识的理解与运用，如线粒体学习就应紧抓结构与功能相适应的规律：有双层膜，内膜向内折叠形成嵴，扩大了膜面积，有利于有氧呼吸酶在其上有规律地排布；因而线粒体是有氧呼吸的主要场所。这样较易理解并记住其结构与功能。其次我们要学会观察比较，观察是一种有目的有计划的感知，不仅可以获得新知，也能验证已知。生物学是实验科学，观察是获得生物知识的重要环节。如观察生物的形态结构、生活习性、生长发育等，有效地发挥观察在生物学习中的作用。而我们生物学的原理、规律都是在观察实验的基础上得来的。比较是认识事物的重要方法，有比较才有鉴别，生物中能比较的东西很多，如动物细胞与植物细胞、光合作用与呼吸作用、冬眠与夏眠等。比较时注意对比较对象全面了解，然后确定比较项目，并做到简明扼要，如光合作用与呼吸作用这两类生理过程，可从场所、条件、过程、结果、意义等进行全面了解。这样比较有利于理解光合作用、呼吸作用的实质。中学生物概念多，易混难记，比较是有效的方法之一。

以上就是我高三备战高考的一些经验，希望能对大家有帮助。最后衷心祝愿学弟学妹们学习顺利，都能考上自己心目中的理想大学！

姓　　名：何　南

名　　次：安徽省六安市文科第一名

院　　系：北京大学工商管理专业

毕业学校：舒城中学

业余爱好：看书，看电影

人生格言：要做一番伟大的事业，总得在青年时代开始。

认为学习最重要的是：勤奋

高考成绩：660 分

回首我的高中三年

在高中的那三年里，我尝到了许多痛苦与甘甜，现在想来，高中三年的学习生活无疑是我人生旅途中一笔极其宝贵的财富！我的高考已成为回忆，而备战高考的发令枪又在学弟、学妹中鸣响了。走过这段人生经历的人最能体味其中的酸甜苦辣，也最能理解后来者的种种心境。

回首这些年来不断奋斗的历程，最使我感慨也最让我获益的是我心头的一股力量，这就是信念的力量、理想的动力！

学习十分辛苦，而理想正是我不懈奋斗的原动力，即使有再多艰难困苦摆在前进的路上，我都不会惮于前行，因为有理想作为我前进的"催化剂"。

人一旦有了理想，就有了一个为之奋斗的目标。我在高中一入学，便拟过一份高中三年的学习计划，以后这份计划被我在实践中不断修正、完善，最终成为我整个学习生活的"指导方针"。每当我想偷懒的时候，理想就警告我：要勤奋、勤奋、再勤奋；每当我取得一点成绩而产生骄傲情绪时，理想就迫使我去查漏补缺，取人之长，补己之短；当我因困难想退却时，理想就激励我继续向前。三年来，我始终抱以积极、认真的态度对待学习，尽自己最大的努力去汲取尽可能多的知识，在不断的奋斗中体会知识的魅力，在艰苦的拼搏中感受成功的乐趣。我想其中的甘甜，是那些与我一样拥有理想并不断奋斗着的人才能体会得到的！

理想是我成功的基石和保证，但与此同时，要想真正到达胜利的彼岸，还得掌握不少学习方法和学习技巧，同时树立一种科学的学习理念也是十分必要和重要的。学习知识是学习的一个方面，与其同步，我们也要多方面提高自己的素质。高考是对考生的知识水平、智力层次、身心素质的全面检验与考核，任何一个方面的失误，都有可能导致一生的悔恨。因此，我们一定要仔细、仔细、再仔细，全面提高个人素质。

在所有的素质中，最重要的就是自信心。自信是人生理想的翅膀，能给人以自强的品质。"天行健，君子以自强不息"，天下事无可不为。高考是人生的一次考验，有了自信，有了良好的心理素质，才能在高考的限定时间内完成好自己的答卷。同时，在学习过程中，我们无法避免错误，但我们不要错误地认识自己，要自爱，只要勇敢面对，就可以减少错误。一个人最坏的状态就是失去了对自己的认识和支配，知过能改，善莫大焉。"自信、自强、自爱"三者成为无数人取得人生成功的法宝，缺一不可。

我认为自己的天赋并不太高，是惜时和努力把我送进了北大。回想高中所走过的路，我感觉自己最适用的方法还是充分合理地运用时间以及科学地多做勤练。每天晚上，我会把第二天的时间表排列出来，并且排得仔仔细细，到了第二天就按部就班地照行。如此一来，很多难懂的知识就被我一点一点地学会了，许多难关就被我一道一道克服了。有规律地利用时间，使我的生活有条理性。时间安排得很紧，就使我沉醉于知识的海洋中而忘记了一切。各门学科的学习方式不尽相同，但努力、刻苦、勤奋，才是各种各样的方法之根本。

心理素质是高考的重要一环，有许多高中生在平时的测验、模拟考试中成绩不错，可一到高考就傻了眼，脑子里一片空白，原先充分准备的内容此刻不再熟悉，这就是心理素质的问题。现在的高中生没有经历过太多的生活实践和人生痛苦，其心理承受力十分脆弱。我在这方面有个小经验：限时做题。就是把表放在桌上，每次做题前给自己定一个大致的时间，规定必须在此时间内完成。这样，在做题时，就有了一种紧张感，就想自己在与时间赛跑。刚开始实行时可能不太习惯，但慢慢习惯了，就能提高做题速度和心理承受力。我想经过一次次的反复训练之后，高考时便可以抱着一颗平常心，尽情地施展自己的才华和能力！

"不以物喜，不以己悲"，平平淡淡才是真。有人喜欢用浓艳的色调确定自己的生活，这种热情有时确实很感染人。不过我更向往一种内心的宁静，喜欢用淡雅的色调确定我的生活，而我觉得，能够保持这种心态，应付高三以及高考是非常重要且明智的。看到许多平时很"火爆"的同学在考试后紧张躁动，担心自己的名次和成绩，此时我就想对他们说：你们所做的一切不过是为了塑造一个更好的自己，而不是争夺各式各样的第一名。

高中三年，我就是始终以这种平常心应对各类考试的，并且一直将其保持到最后，带到了高考的考场中，在答题时，我的整个人仿佛都融入了题目之中，在答题中享受着思维活动的快乐，笔头的答案也就流畅地写了下来。现在想来，当时那全神贯注、全身心投入的情形，的确是高考最佳的心理素质和思维境界！

有了良好的心理素质，对于高考来说就等于有了坚实的"后盾"，接下来的问题就是如何在高考的考场上正常发挥，从而考出自己应有的水平。在此，我想谈些我对高考应试的看法。每位考生在复习应考时往往都做了大量的习题和模拟卷，对此，我认为做题是必要的，但最重要的还是如何举一反三，融会贯通，掌握了这一点，就很容易摸索到解题的技巧和一般规律。有位高考命题老师曾说过："作为高考命题老师，就好像是个裁缝师，在许多不同题型和习题之中，用'剪刀'把它们剪下又串起来。"可见，如果我们能真正掌握题型本质，真正做到融会贯通，那我们应对高考就游刃有余了。在高考中，想要邂逅一道我们曾经做过的题的概率小之又小，但是如果我们掌握了解题的方法，在做每道高考题时，我们都可以在我们做过的题目中找到"雏形"和基本的解决办法。因此，做题贵在精、重在通！在高考中遇到基础题，要认真、仔细地答题，确保正确率，切不可掉以轻心。若遇到那些较难的题或压轴题，也完全没必要产生恐惧感。仔细分析题型，把一个大题分解为若干个小题来分别解决，而面对每个小题，又要好好琢磨一番，想想以前曾经做过哪些类似的习题，有没有类似的思想方法和解题技巧？我在做难题时，常常按此方法来做，我总能把原先一个交叉、抽象的问题化解成一道道自己熟悉的小题来完成，这样，就大大降低了难度，最后也就迎刃而解了。

　　高考之后还有一个需要面临的重要抉择就是填报志愿。在做出专业选择时，不少人会一味选择热门专业而忽略冷门专业，其实这是十分片面和狭隘的。一些热门专业之所以热门，原因就在于目前社会缺乏这些专业的人才，而这种人才又相对较少，因此其待遇相对来说就高，而想要选择这些专业的人也就越来越多。但需要指出的是，有些人才，社会现在缺乏，几年以后未必还缺乏，而有些人才的需要，目前还没有显现出来，但几年之后可能就成了热门。因此，冷门专业和热门专业不是绝对的，在做出选择时要有一定的预见性，并充分考虑个人的兴趣爱好与发展潜力。

对于每个走过高考的人来说，它是人生一笔不可多得的宝贵财富，高考的经历，从学习到应试，从心理到体能，各方面都会使我们下一步的人生受益匪浅。而对于每个正在走着高三之路的人来说，高考是个目标，为了高考，每个考生都无怨无悔地奋斗着。在此，我想以一位"过来人"的身份向广大"高三人"道一句：为了你们的理想，尽情奋斗吧！

的确，奋斗着是快乐的！

姓　　名：韩冬琳

名　　次：河北省文科第四名

院　　系：北京大学工商管理专业

毕业学校：衡水中学

业余爱好：聊天

人生格言：上天永远不会帮助不动手去做的人。

认为学习最重要的是：学必习，习必熟，熟必久

高考成绩：669 分

坚持不懈助我成功

今年夏天，我收获的不仅仅是高分，不仅仅是如愿以偿地圆了北大梦，不仅仅是诸多赞誉与羡慕，更重要的是，我收获了自信。

自信是我成功的支点，自信伴我走入北大，迎来更加美好的明天。

我一直认为学习是为了自己，是"我要学"，而不是"要我学"。正是抱着这样的信念，虽然学习有时确实很苦很累，但我真正在学习中找到了乐趣。尤其是高三，繁重的学习任务、不断的模拟考试，使我曾有过松一松的念头，但"我要学"的信念，支撑我渡过了难关，支持我去收获了更多的成功，更多的乐趣。

科学的学习方法是我乐学的有力保障。

高三的复习内容非常庞杂，要把所学的内容高效、全面、系统地掌握，就必须有一套适合自己的学习方法。

我把复习分成三轮：第一轮是全面掌握教材内容；第二轮是通过大量做习题来巩固课本知识；第三轮是再次回到课本，厘清知识结构，消灭疑点难点，使知识网络化。当然，这三轮复习是我自己进行的，除此之外，我还跟着老师的复习进度，并且尽量使自己的复习进度超过老师的复习进度。这样做让我产生了一种比赛的快感。

在复习过程中，我给每个阶段都制订了计划，以明确每一个阶段的学习任务和目标，这样做会让复习变得高效。

在复习中，不断总结得失，查漏补缺，也是有效的一招。在同一块石头上被绊倒两次是最愚蠢的，因此，复习其实就是一个不断改错的过程。

此外，还要针对学科特点，形成一套各具特点的学习方法，这样才能真正在答题时游刃有余，从容淡定。

我的语文复习是从专项训练开始的，因为高考考查的内容是一个个的知识点，比如语音、错别字、古文、作文……因此，我专门抽出一段时间重点复习某个知识点，最终将所有知识点都各个击破。这样做比一头扎进模拟题有效得多。学习语文还要有一定的阅读量，对高三学生来说，要抽出一定时间来扩大阅读量，我就曾读过《读者》《青年文摘》等杂志，其中不乏好文章，不仅有利于提高语文水平，客观上还起到了陶冶情操，让我感悟人生真谛，激励我乐于进取的作用，而且对调节我的学习节奏以及精神状态也很有帮助。

我的数学复习重在培养数学思维，锻炼理解能力。我做的数学题不是很多，但做得很精。在新题、典型题上舍得花时间，着重使自己的逻辑推理、分析综合能力不断提高。因为从学习的经验中我得知，具备一定的数学思维后，在解题时就会有种豁然开朗的感觉。

我的英语复习是围绕词汇展开的，词汇在英语中占据十分重要的地位，我的一切复习都是以增加词汇量为目标的。我从词汇表中找词汇，从模拟试卷中找词汇，从英语小说中找词汇。学到了词汇，还要学会应用，应用的重点是阅读理解，这不仅因为阅读理解在高考中所占比重最大，而且难度也最大。我每天会阅读 2 至 3 篇短文，并且在阅读的过程中尽量做到读懂读通，以此来加强我的英语阅读能力。一些浅显易懂的英语小说，不仅帮助了我的学习，而且还愉悦了我的生活，让我感到阅读英语小说就是在享受。

文科综合复习，关键在于抓住各科特点，力争融会贯通。根据我的理解：学习政治重在理解，学习历史重在记忆，学习地理重在应用。而三门课的共同特点是：熟练掌握课本知识，密切关注时事特点。

具体来说就是：政治复习要注重教材和时事的结合，能够用政治学、经济学、哲学的原理去分析各种重大政治、经济事件。学政治，无须大段地机械记忆，最好是仔细看课本，领会其中每一个原理的内涵。在复习中，牢记一些常用的专业性句子十分必要，但思路绝对不能被老师给你的资料所局限，要全面深刻地进行思考，这对政治学习是很有帮助的。

历史的复习最好分两条线进行：一条是按照历史事件的时间顺序，把课本知识梳理几遍，做到对每一章、每一节都了如指掌。在熟悉教材后，再按专题进行复习。专题复习对高考很有针对性，因为高考试题就是从一个个专题中引申出来的。

地理复习也需要从课本出发，掌握课本基本知识，解题才能得心应手，游刃有余。地理复习要特别注重各种地图、图表的复习，如政区图、气压分布图、等高线图、地球自转公转图等。把所学的知识落实到图上，不仅便于记忆，而且有利于更深刻地理解知识。

文科综合复习时尤其要注意培养综合思维，考虑一个问题需要多角度、多方面，不能被单科思维所禁锢。

正是这样一套切实可行的复习方法，使我不但没有感到学习的苦、学习的累，反而还让我品尝到了学习的甜、学习的轻松以及学习的温馨。

高考想取得好成绩，我认为还必须正确认识高考，正确对待高考。一考定终身，确实有其不合理之处。尽管我是今年的高考幸运儿，但我丝毫不会因此赞美高考。问题的关键是，目前似乎还很难找到一个能替代高考的考试机制，这就导致了高考的客观存在，因此，我们做学生的就只能积极应对，争取考个好成绩，给自己创造一个更好的发展平台。

高考前，我经常说一些鼓励自己、培养自信心的话，如"我是天才""天道酬勤"等，我尽量使自己保持轻松愉快的心情，经常微笑，若碰到不顺心的事，我总是往好处想。我不断调整心态，尽量以最平和、最自信、最从容、最洒脱的心态进入考场。

考场外的我自信洒脱，走入考场，我更需要沉着冷静。

拿到试卷后，先大致浏览一下，看看题型、题量，并且大致分配一下时间，做到心中有数。最好带一块手表进考场，这样就能知道自己答题的快慢，做到一切尽在掌握中。

答题时切忌心烦气躁，必须沉下心来，做到"一慢一快"。即审题慢，答题快，不片面追求速度，而更要注重正确率，此外，还要把检查的步骤渗透到解题过程中。

遇到难题是最令人头疼的，这时你既不能一下子被吓倒，也不能死缠着不放。你首先得告诉自己"一切难题都是纸老虎"，然后静心想一想，这个题是什么类型的，是结合教材中哪个知识点的，以前是否做过相类似的题。不过若考虑了半天后还是无半点头绪，那就应该果断放弃了。先答完其他的题，然后再杀个漂亮的回马枪，或许你在做其他题时，灵感突现，便让你想到了解法，你也可以马上返回，把难题先解决掉。总之，见难题切忌慌，既要相信自己的实力，又要客观地进行时间分配。

最后，我想说，我们不能唯高考、唯高分、唯学习。在一个人的成长过程中,其实有许多乐趣,假如我们放弃寻找快乐,那么,这将是一种悲哀,况且,牺牲一切为高考,也并不见得真正就能得高分。因此,我认为,在学习中寻找乐趣,在成长中体会快乐,我们的青春才会更绚丽。而且,快乐地成长与生活对我们缓解考试压力、争取高考成功,有着很大的促进作用。

高考成功并不意味着我的未来就一定洒满阳光,铺满鲜花,一份付出只能有一分收获,世上不存在一劳永逸的事。我想对正处于中学阶段的学弟学妹们说,只要心中有梦想、有自信,懂得付出,你们一定会干得比我更漂亮。

姓　　　名：刘　洋

院　　　系：北京大学法学院

名　　　次：黑龙江文科第五名

毕业学校：大庆实验中学

业余爱好：打排球，游泳

人生格言：仰不愧于天，俯不作于人。

认为学习最重要的是：不满足是向上的车轮

高考成绩：654 分

圆梦北大

　　走入燕园，徜徉于湖光塔影间，令多少学子魂牵梦萦，那也是我尘封多年但从未泯灭的梦。很庆幸我的梦能实现。蓦然回首，梦实现之历程仍历历在目。

　　一、考前

　　（一）要有信心和良好的精神状态。信心对整个复习备考来说至关重要。不要为某些所谓的挫折打击而沉沦。"你能行，真的!"一定要告诉自己这句话。要保持良好的精神状态，力争愉快地度过高考前的日日夜夜。身心状态对人的活动的效率影响颇深，上苍给我们的时间并不多，为什么不高兴地度过每一天呢？当然，人有喜怒哀乐，某些时候心情会十分差，但千万不要让它持续下去。实在感觉不好，就找一种方式宣泄一下心情，向朋友倾诉、猛踢场球都不失为好方法。

（二）要有计划性。做什么，不做什么，什么时候做，什么时候不做，怎样做，都需要通盘考虑。拿文科来说，一天当中，除了上课外，其余时间如何利用，早晨看政治、历史、地理还是英语。每科时间安排要根据某时间段自己效率的高低及该科特点来综合安排。很抱歉，这只是泛泛而谈。主要意思就是不要盲目撒网，无计划地乱看一气，千万不可心血来潮看一天数学或者哪一科而不想其他。制定计划后，一定要切实执行，否则就没有必要制订什么计划了。

（三）具体行动。很重要的一点是跟住老师，辅导高三的老师一般水平都比较高，有丰富的经验。要跟住老师，不要漏听老师的课以及课堂上的每句话，也要跟着老师做练习，老师选择的题目一般都比较经典，能够突出重点、难点。不要对此置之不理，另起炉灶的做法只属于那些天才型的人，如果认为自己不是天才，那么最好跟住老师。跟住老师并不意味着抹杀个人的能动性，某种题型烂熟于心，就没有必要再进行低水平重复练习，还要注意自己对于知识本身的梳理以及对技巧的归纳。

（四）具体谈一下各科。语文，这是一般人最不注重的科目，但是它是我们民族数千年历史沉淀下来的一门学科，是一种艺术的表现，每个人都应努力学好。学习语文是一个细水长流的过程，要注重积累，基本的知识及阅读写作能力非一日所成。我觉得重要的是阅读与练习并重。阅读是一个潜移默化的东西。高三年级，我们并没有太多的时间花在写作上，而阅读时，快速浏览文字，对阅读和写作都有帮助。对于一些精品文章，可以适当地记住其中的一些优美的词句，这样既开启我们的心智，又能提高我们的阅读与写作能力。而练习是一种能力或技巧的纸面表现，考查的是对语文方面一些基本知识架构的掌握程度，虽然有些枯燥，但还是要练的。数学和英语，首要的就是基本知识和技能，在第一轮复习中就要拿下来。更重要的是做题，题海寻宝，似乎无从下手，其实有径可寻。题的重点和难易是分层次的：低档题注重基本知识点和基本技能，中档题注重小范围内的知识点和技能的综合，高档题注重大范围知识和技能的结合。根据阶段需要，从低档题开始，努力夯实基础，题接触多了，感觉自然就生成了。然后再多做一些中档题来巩固和提高，而知识点和技能的小范围交叉，正是高考考点。有了一定基础后，适当拔高一下，但不要把大量精力放在难题上，那往往得不偿失。也许偶尔会做出一两道难题，但基础却并不牢固，小漏洞百出，实不可取。政治、历史、地理，很多人以为背熟就可以了，非也。它们各有各的知识体系和脉络结构，某些方面还有交叉。比如，政治分为经济常识、哲学常识、政治常识三大块，而每块又有自己的分支，要按块分片掌握整体加以综合，也许说得太大了。由于篇幅所限，我只从整体上说一下复习策略。在第一轮复习时，不一定非得把题做得多厉害，主要是先将主干知识、基本理论熟练掌握。做题本身是对知识点掌握程度的考查，如果知识点本身都不会，一切都是空谈。在掌握基本知识的情况下，用做题来体现能力，达到融会贯通。值得一提的是，政治和历史一般都有大题，对此要极为重视。不要看一眼题目，噢，这题好做，就不做了，殊不知，真正写到纸上，会差之万里。就像那句名言"蜘蛛结网可能逮不到昆虫，但蜘蛛不结网一定不能逮到昆虫"，也就是说，你写下来可能不完全正确，但你不写下来就不可能正确。这一类型的题目分值极高，实在扔不起，光做选择题是无法提高这部分旨在拉开差距的题的得分能力的。对综合性题目要常想常练，思维要活，要多进行多侧面、多层次的分析，将知识点勾连起来，将理论与实际紧密结合，并力争有自己的独到见解。

（五）其他问题，比如休息、放松与学习的辩证关系，大家都懂，不再赘述。还有对待模拟考试的态度问题。模拟考试只是检查一下前一阶段的学习情况，且出题肯定比不上高考的层次高，加之心情因素、兴奋度因素等，让模拟考试是怎么也代表不了高考的。但这并

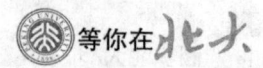

不意味着模拟考试就不重要，曾听人说过"高考即平时，平时即高考"，模拟考试多了，对高考至少有了程序化的认识，真正上考场就驾轻就熟了。

（六）高考前的一系列准备对打好高考战役至关重要。其实这些道理大家都懂，不过想要做到就难了，但正因为如此，才更要去做。"你想得到别人不能得到的，你就得付出别人不能付出的。"我很欣赏这句话，它昭示了成功的真谛。

二、考场

经过高考前纷繁复杂的准备过程，终于迎来了走向考场的日子，被一些人称为没有硝烟的战争的决战时刻来到了。如果想让决战成为顺理成章的胜利战役，就要注意以下两点：

（一）要有良好的精神状态。无论以前自己复习得如何，都没有必要再担心了。我曾注意到走向考场时，有些人似乎带着一种悲壮的神色，实在不必如此。总体复习已经结束了，面对的只是一场考试，做自己能做的，尽自己所能就可以了。要提高兴奋度，调动全身的积极能量，也许这很难，但一定要做到。考完某一科后不要急于和其他同学对答案，否则一旦与别人有不一样的，不管谁对谁错，心里都不是个滋味。一旦感觉某科可能考砸了，也千万不要放弃后面的科目，否则的话以前所有的努力就都将付之东流了。

（二）关于一些技术性的东西。技术性的东西看似是小事，其实并不小。比如饮食，不要突然改变饮食结构，以为高考时加强营养有好处，其实只会徒增紧张感；还有工具的准备，一定要细而又细；答题的字迹要力求工整；解题上的技巧分也要拿到；充分利用提前发卷的几分钟时间，或总览全局，做到心中有数，或迅速突击，先夺下几个阵地，边角时间不可丢，比如数学解答题若感觉无从下手，可以先冷处理一下，过一会再答，也许思路就会豁然开朗；若还是无从下手，再好好读一遍题目，将已知量抄写一下，列一些与题目有关的公式，也可以跳步解答，写出"得出此步后，则有"，然后继续求解，因为数学比较强调步骤分，关键时刻不妨一试，但平时一定要扎扎实实做题；英语也一样，作文一时想不起什么句型，可以去单选或完形填空处找点感觉，不管单选或完形填空是不是已经做完。技巧分并不是投机取巧，而是在能力范围内使得分最大化，这些技术性的东西会在某种程度上增加获胜的砝码。

三、考后

考后填报志愿，按热门、冷门报，还是按兴趣报，这可能会对今后的生活产生很大影响，我建议大家多听一下老师的建议。

硝烟散尽，如释重负的感觉中却有一些茫然，怀疑十年寒窗与几天几页的卷子是否等值，紧绷的神经一旦松弛下来，就会有点不适应，心情本应好起来，但却空空的，没了着落。还有等待的焦虑与无奈，这些我都曾有过，因此我建议大家转移一下视线，干点别的，淡化一下那种感觉，因为一切都已经过去了。

以上几部分只是我的一点拙见，其实大家听过很多次了，但就像前文说的，道理都懂，关键看谁能做得到。说实在的，高考真的有些残酷，数以百万计的学子囿于一种模式之中，但为了心中不泯的梦，拼一下又何妨！不为黄金屋，不为颜如玉，不为光耀门楣，那些都是世俗的东西，只为过上几年燕园生活，成为一名北大人，融入一片湖光塔影，感受那爱国、进步、民主、科学的氛围，若干年后，回想起这段历程也是足以令己欣慰的。

姓　　名：彭　凯

名　　次：河南省文科第三名

院　　系：北京大学中国语言文学系

毕业学校：信阳高级中学

业余爱好：看小说

人生格言：人生只有一次，它提醒我要珍惜这
易逝的时光。

认为学习最重要的是：聪明在于学习

高考成绩：668 分

话高考一二三

　　说到高考的大获全胜，当然离不开高考之前所有学习生活中的日
积月累，不断苦修。学习上以勤为第一要诀："业精于勤而荒于嬉"，
勤奋可以说是绝对重要的一件大事。

　　要说学习上是否有包治百病、立即见效的灵丹妙药，我想是无法
找寻的。因为各人具体情况不同，知识水平、思维深度、视野范围、
爱好旨趣千差万别，非能以一应万。要讲学习经验最好是提供一种启
发，引出一些灵感，并非具体的方法程式。若能自觉自愿地以学习为
自己的第一要务，何愁功不成、名不就。一切循他人之成法，不知以
自己为中心独树一帜，是万万不可取的。

　　在我接触的同学中，对学历史心怯者大有人在。在历史学习上，
我并非达到多么独到精深的程度，只不过从小对此科情有独钟，以后
又更加喜爱。想来自己也只能是有资格对历史的学习提出一些平庸之

见。从历史的学科特点来说，它博大精深，内容纷繁芜杂，且古往今来，多有疑难不决之问题，障碍重重，令许多学子视为畏途。其实完全不必，历史有它自身的特点，若能正确认识，因势利导，把历史学得纯熟也是有章可循的。首先，无论怎么说，记忆在学习历史的过程中是第一环，也是极为重要的一环，能够将大量的历史事实、人物、年代以及其他一些极细碎的东西反复记诵、熟稔于胸，就是走过了坚实的第一步。如今的学习虽然要更加强调理解、分析、应用，但归根到底，记不下来的东西，到底还是无法应用于更高层次的学习活动中去。要反反复复、不厌其烦地强记，记忆量到了一定水平，其他问题的解决就方便多了。其次，要有学习历史独特的思维方式，历史是一系列紧密联系、环环相扣的单位所构成的统一整体，横向、纵向、斜向的各种联系紧紧交织。学习历史就要有发散性的思维，能够通过一个事件、一个课题的探究，把与之有直接或间接关系的各类事件串连成密不可分的整体。但要切忌生拉硬扯，做出一个判断提出一个观点，必须持之有据。再次，历史以外的其他各科与历史都息息相关，尤其政治的许多观点对历史有提纲挈领之功用，齐头并进，分进合击，方能聚敌而歼。文综所纳各科尤应同等对待，不可偏废。

上面所谈是我在长期学习生涯中形成的一些总结性认识。当然每个人最关心的就是高考了。说起高考，许多弊端姑且不论，就它的口径小而涌流量却极大这一点来说，已经是让人头疼难忍了。没有人在高考之前没有压力，压力大者有世界末日之感，压力小者也难免暗自心惊。压力能否得到有效的缓解和消除，关系着高考成绩的高低和一个人一生的前途命运。减压药当然是多种多样，我且讲一讲我在考前是如何调适心情的吧。

高考之前虽然我心里有底，自恃多年奋斗，战功卓著，鲜有马失前蹄之事。"黄沙百战穿金甲，不破楼兰终不还"，我常以此自勉。但高考临头，虽然内心中不时有声音提醒我要镇定自若，举重若轻，但我仍然不能完全控制心态。有时反应迟钝，有时手心发汗，有时还会不自觉地发抖。我要求自己自信自负，为了调适心情，我做出了一个很大胆的决定：主动放弃临阵磨枪的机会，去山中垂钓自娱。我毅然去了一个十分幽静的池塘，稳坐钓鱼台，忘却世事纷争，天人融为一体。事实证明这是十分有效的，我在考场上基本上进行了比较自如的发挥，虽然语文和政治还是因为残余的紧张感作怪而未能尽如人意，但我想有所得必有所失，总体上来说，消除压力还是达到了预期的效果，只要不影响正常学习进度，寻找一些自己能全心投入的活动，比如唱一首高昂激越的歌曲或者下一局陶冶心性的围棋，都有可能使你凝神静气，正常发挥。

高考之后的填报志愿与高考本身可以说是同等重要的。我有一些同学就因填报志愿的失误而后悔不迭。填报志愿的前提是正确估量自己的实力，根据自己所处地位，既不盲目自大，也不妄自菲薄。要有当机立断的魄力，也要有深思熟虑的耐性。填好一张志愿表要斟酌再三，但一经确定，便不要因一时冲动而随意更改。此外对于各种专业的选择最好是依据个人喜好，急功近利的方法并不可取。

经历了这样一场考验意志毅力的难关，当然还有许许多多的感触，颇有往事不堪回首之感。如今已时过境迁，把当时的经验抽出几条谈一谈，若能助后来者一臂之力，则我幸甚。

从中学到大学当然还要经过一个转型的过程，不只限于学，心理上、社会活动能力上，都要与新的环境氛围相一致。但大学生活不是与中学毫无关联的，事实上，中学学到的知识是一生中记忆最牢固、掌握最熟练的。劝君须惜少年时，若能好好把握机遇，尽力一搏，无论对于今后生活的哪一方面都是大有益处的。近日读刘希夷《代白头吟》中的"年年岁岁花相似，岁岁年年人不同"以及"伊昔红颜美少年。公子王孙芳树下，轻歌曼舞落花前……宛转蛾眉能几年，须臾鹤发乱如丝"等句，忽有一股悲凉之感袭上心头，自觉人生短促

"石火光中寄此身"，当勇往直前，不可有一步之停息。方不枉英雄一世，也不枉上天眷顾，进入北大。有时也扪心自问，自觉无甚过人之处，实积年累月苦修之功也，也悚然警醒，深自为戒，以不断驱策自己，防止进入北大之后，壮志消磨。总之，勒马望远，前路漫漫，当与诸君共励共勉，同赴前程。

姓　　名：杨文君

名　　次：湖北省文科第六名

院　　系：北京大学光华管理学院

毕业学校：襄阳五中

业余爱好：跳舞

人生格言：生命的多少用时间计算，生命的价值用贡献计算。

认为学习最重要的是：谁把握住时间，谁就有一切

高考成绩：675 分

学以所用

　　情商即指"情绪性"，属于非智力因素，包括控制情绪、与他人交往、对待挫折等多种能力。我认为情商对中学生成功地走过高考有着决定性的影响。情商在走向高考中的重要地位是绝不可被忽视的，每一个有心面对的高考者都应该注重情商的作用。通过后天的训练，培养强化自己在这方面的素质，可以弥补智商的不足。

　　高考的全过程可大致分为三个阶段：考前的学习阶段、应试阶段以及填报志愿阶段。在这三个阶段中，情商都发挥着重要的作用。

　　学习是很苦的。授课的各科老师都是确定的，每个学生必须调整自己去适应老师，而不是期待老师来适应自己。只有积极配合老师、接受老师的教育，才能更好地促进自己的学习。老师的某些言语和态度，确实会在一定程度上伤害学生的自尊心，但中学生已经长大了，不能再像小孩子那样需要别人的精心呵护了，因此，我们所能要求的

只能是自己而不是别人，我相信只要努力一定可能改变别人对我们的态度。

我凭借自己的信心和努力，一步步地踏踏实实地去做了。我知道我的基础比别人差很多，所以，除了加倍努力我别无他路。回想起来，我自己都有些想象不出那时候是以怎样的精神状态，去承受那种学习的强度和压力的。高中三年里，我每一天的睡眠都很少，晚上两三点睡是常有的事。在学校里一待就是一天，中午、下午从来不肯轻易回家，仅仅因为心疼回家要用 10 分钟时间。休息的时间被压缩到尽可能的少，课间的 10 分钟也尽力去背几个单词，去解一个难题。这种比打仗还紧张的时间安排，如果没有恒心、毅力、信心，是不可能真正做到的。

当然，这里只是强调一种精神的力量，并非这种"时间苦战法"适合于每一个学生，从小就天资聪颖、出类拔萃，高考中轻松考上北大的学生也是有的。我在高中必须刻苦到如此程度是由我自身的经历决定的。据了解，我身边的每一个北大学生都在高中时有着良好的心理状态，那就是有意志力、有恒心，不为暂时的挫折而吓倒。这是中学生迎战高考所必须具备的心理素质。

虽然情商在高考中有着重要作用，本文主要谈的内容也是情商，但考虑到文章的针对性，我还是在这里简要地插入一些有关学习方法之类的问题。

我在高中时对文综的重视不够，高考时文综的分数就显得低一些，这是很值得引以为戒的。此外，数学要非常注重基础知识，对书上的定理、公式、例题，必须有十分透彻的了解，在此基础上，还要增加习题量才能收到好的效果；语文不能只局限于课本，要有一定的阅读量、知识量；英语必须把它看作是一种语言，掌握一定的词汇、语法，是进入这门语言的基础，有兴趣地听、说、读、写，是学好这门语言的关键。

这些话看起来似乎显得很空泛，我想一套完整的、适合于自己的方法必须立足于亲身体验、亲身总结的基础之上，这些话只是一些参考而已。我始终觉得影响学习的关键还是情商，是对自己情绪的控制，是促使自己高效率学习的精神状态。

很高兴我能有一个比较成熟的心理度过高中三年的学习生活，这种心理不仅仅表现在学习上，还表现在对待同学、对待老师、对待家长等许多方面。有了成熟稳重的心理，才能取得好的成绩。

在临近高考的前一个多月里，我的心情仍旧保持着往日的平静。那时的情形十分乐观，年级第一名比我的总成绩大约高出 20 多分，这时任何一点急躁情绪，都只能使我的成绩更加降低。我仍旧像平日那样安排着各科的学习，我告诉自己一定要努力到高考结束的最后一分钟。我没有给自己施加很大的压力，高考之前，我把高考视为决定我一生命运的一个转折点，但临近高考之时，我却把高考视为平时的一次成绩测验，一次我下定决心要尽心尽力做好的成绩测验。这次成绩测验的结果证明了我的心理调整是很正确、很成功的，我的成绩名列年级第一，比往日高我 20 多分的年级第一高了 27 分，我由此成功地进入了北大。

填报志愿是在考试之后。经过认真估分后，我终于在第一栏填上了"北京大学"四个字。这四个字，一直是我高中三年里认为是可望而不可即的一个目标。我实在是很幸运的。

同学中不少人吃了估分的苦头。由于对自己没有信心而少估分数达到 30 多分，或过于狂妄自大多估分数也达到 30 多分，估分相差如此之多，又怎能选取适合的高校呢？

"情商"这个词听起来好像是一个看不着、抓不住的东西，让人觉得无从下手，其实这是有迹可循的。

我国的心理学家在 20 世纪 80 年代初提出了非智力因素理论，这个理论与情商概念名异实同。此理论强调学生的学习效果不仅仅取决于智力的高低，而且还取决于学生在学习活动中是否具有高度的热情、强烈的成就动机、明确的自我意识以及同学之间的合作性等。

心理状态对学生的学习所产生的影响是多方面的。

如果一个人有良好的心理状态，心胸开阔，情绪稳定，能够保持对生活积极、乐观的态度，能够正确对待各种问题、困难、矛盾，并用切实的方法加以处理，不逃避，就能够充分调动全身心的力量，不受偏见的影响，达到圆满解决问题的目的，就能思维活跃、想象丰富，就能大大提高认识世界的效率。反之，如果一个人处于不良的心理状态下，就会不敢面对现实，从而陷于迷惑之中，无力解决问题，因此就会感知模糊、思维混乱、记忆混淆。

同时，心理状态又是可以自我塑造的。

首先，我们要充分了解自己的现实情况，并坦然地承认和接受。只有抱着坦然的心理状态欣然接受自己，才能避免心理冲突，才能避免过分的狂妄或自卑。只有接受现实的自我，才能根据需要创造出理想的自我。

人际关系是影响学习的外部环境。在我们与老师、与同学、与家长交往时，要保持积极快乐的心情，要善于克制自己，要主动交往，乐于去交往。交往时，不要刻意伪装自己的态度和情感，要让对方感到你的亲切。一个人孤僻冷淡时，心理状态就会处于不良状况，长期下去，还会造成心理疾病，这一点是需要注意的。

学习时，经常自觉要求自己处于认真学习的状态，经常主动地检查学习结果，才有可能养成细心的习惯。如果我们总力图使自己的心理状态处于最佳位置，经常以饱满的精神状态投入到认识活动中，就能促进个性心理向高层次发展，使自己的能力、性格向高层次发展。

我自身是对心理状态、对学习的重要作用有深刻认识的，因为我只是个普通资质的学生，但我终于在高中的时候自己帮自己站起来了，终于以优异的成绩跨进了北京大学的大门。我是相信自己的，我

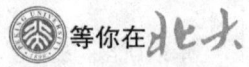
也相信每一个中学生朋友只要尽力去提高自己的智商素质和情商素质，就一定可以考取自己所向往的大学。

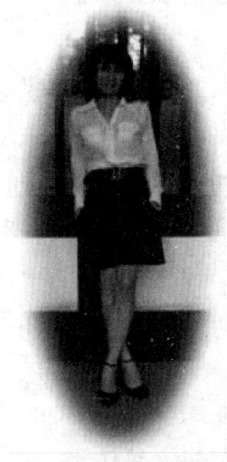

姓　　名：蔡心怡

名　　次：湖南省文科第五名

院　　系：北京大学法学院

毕业学校：长郡中学

业余爱好：登山

人生格言：永不放弃！

认为学习最重要的是：一分耕耘，一分收获

高考成绩：676 分

我的学习方法与感悟

　　手捧北京大学入学通知书的我心情激动，思绪万千，梦寐以求的愿望终于实现了，回顾自己 12 年的学习历程，酸甜苦辣，五味俱全。我静下心来分析了自己的成败得失，总结出一些经验教训，以激励自己今后的学习，同时也供其他同学借鉴。

　　学习确实是一件难事，也是一件痛苦的事，俗话说"学海无涯苦作舟"，就是这个道理，"吃得苦中苦，方为人上人"。同时，学习也是一件易事，一件能给人带来欢乐与喜悦的事。当你学习不得要领、成绩暂时落后时，会感到学习兴趣索然，十分苦恼，甚至感到科学之峰高不可攀；而当你掌握了好的学习方法，合理安排了时间，从而克服学习中的道道难关，成绩直线上升，甚至名列前茅时，你就会感到学习是一件非常愉快的事，心中充满了自信与自豪。学生必须以学为主，每一个学生都会有难或易的感受，每一个学生都会感受到快乐与苦恼，关键在于怎样对待学习和怎样学习。我的个人体会是：

一、树立明确的学习目标

（一）要树雄心，立大志，"不想当将军的士兵不是好士兵"，同样，不想成大器的学生也不是好学生。常言道："大志中得，中志小得，小志不得。"立志就要立大志，一定要给自己树立一个远大的目标，这样才能不断激励自己努力学习。当我上中学时，就立志将来一定要考上重点大学；当我选择了文科以后，就立志考上北京大学；当我拿到北大的录取通知书后，又立志要继续深造，向更高的学位攀登。

（二）找目标，不断赶超，"千里之行，始于足下"，"不积小流，无以成江海"。路要一步步地走，学习成绩要一步步提高。不要幻想成绩在短时间内会有质的飞跃，就像麦田里的麦苗，每天你并不感觉到它长高了，可时间长了，你再去看，麦苗已经抽穗。远大的目标不是一步就能够达到的，雄心大志切忌一蹴而就，所以还要给自己设定阶段性的目标，不断赶超，逐步接近自己的远大目标。刚上高一时，我在班里排在30多名；高一上学期我升到了第12名，高一下学期又升到了第7名；高二分科后，我在文科班是第4名，高二上学期期末就闯入了前三名，下学期就拿了第一名。

二、制定适合自己的学习方法

虽然大家的学习目标基本一致，但每个同学又都有着不同的实际情况，比如基础不同、智力发育不等、思维方式不同、学习习惯不同等，这些因素决定了一定要有一套适合自己的学习方法。我在多年的学习过程中，逐步形成了一套自己的学习方法。

（一）坚持"知识不欠账，疑难不放过，学习不偏科"的原则。所谓"知识不欠账"就是自己立一个规矩，当天学到的知识一定要当天全部复习一遍，如果在校自习时间不够，回家也一定要补上，绝不能形成"欠账"。这一点我认为很重要，如果一天"欠账"，就可能造成天天"欠账",形成恶性循环,久而久之,知识"欠账"太多,好像一个大空间,补也补不上,即便补上了,也不巩固、不熟练,更谈不上取得好成绩。所谓疑难不放过就是遇到疑难问题不能知难而退,一定要解决它。俗话说:"困难是弹簧,你弱它就强。"我专门准备了一个疑难问题本,不会的东西都记在上面,随时请教老师和同学,直到弄清楚为止。这种变疑难为理解的题印象最深,一旦掌握了,记忆也最牢。一般来讲,谁掌握了疑难点,谁就真正地学到了知识,这正是提高学习成绩的奥秘所在。不过在这样做时,一定要避免过分依赖的心理,不要碰到一点不会就问别人。一定要自己先想办法解决,确实解决不了了,再去问别人,如果难题经过自己努力做出来了,印象会更深,同时也锻炼了自己的思维。所谓学习不偏科就是在学科上不分主次,凡是学习的科目都要力争取得好成绩,千万不能有拖后腿的。

(二)预习、听讲、复习。首先要坚持每天把第二天要学的新课预习一遍,预习的时候不要求太深的思考,但一定要全,即全面的预习,将不懂的地方做上标记。第二天上课着重听,这样有利于自己对疑难问题的记忆,有利于上课紧跟老师的思路。预习是发现难点的重要环节,也是理解和掌握新知识的前奏,没有预习,听讲就没有重点,经过预习,第二天听讲就比较轻松,同时还能加深对新知识的理解。其次,听讲是学习中的最重要环节,所以上课听讲时,必须聚精会神、全神贯注,思想不能开小差,听讲的同时要注意做好笔记。这样做一是为了课后复习,二是可以防止开小差,但是记笔记时绝对不能影响听讲,也不能照抄老师的板书。要区别对待预习中的问题:对老师口述的知识,如果不会也要记在笔记上;预习中做标记的难点,要力争在课堂听讲中学会弄懂,以提高听讲效果。复习环节是巩固学到知识的关键,复习时要注意"避实击虚",抓住自己掌握不牢的知识重点复习,以求全面掌握,要注意阶段性复习,一周或一个月要将前阶段所学知识串起来全面复习一遍，对于已经牢固掌握的知识点，可以在笔记中删去，以减少考前复习的负担。

（三）处理好三个关系。首先是学习与休息的关系，良好的身体、充沛的精力对于学习起着决定性的作用。如果一味苦学、休息不足的话，就收不到好的效果。既要认真刻苦地学习，又要注意劳逸结合。玩就痛痛快快地玩，学就认认真真地学，一定要讲求效率，"疲劳战""持久战"千万要不得。如果人在心不在，还不如去玩呢。其次是学习与考试的关系，考试是检验学习的手段，学习效果的好坏必须通过考试体现出来，所以参加考试一定要拿出自己的真实水平，坚决杜绝作弊。参加考试还要有一个良好的应试心理，考前放松一下，平静一下心情是非常必要的，思想负担过重，势必影响自己正常水平的发挥。我在高考前一个星期就不再学习了，看电视、看杂志，努力做到"思维紧张，心情轻松"。最后是学习与工作的关系。如果担任一定的社会工作，必然会遇到一些矛盾。这就要二者兼顾，既要学习好，又要工作好，利用学习的间隙去工作，抓住工作的间隙去学习，把有限的时间巧妙合理地安排，既锻炼了能力，又利于学习，做到学习工作两不误。

以上是我的学习体会和方法，很不成熟，仅供大家参考，希望同学们能够根据自己的实际情况，也创出一套自己的方法，以提高自己的学习成绩。

姓　　名：张　悦

名　　次：山东省文科第二名

院　　系：北京大学法学院

毕业学校：山东省实验中学

业余爱好：电脑

人生格言：择善人而交，择善书而读，择善言
而听，择善行而从。

认为学习最重要的是：勇气＋行动＝想要的

高考成绩：672 分

回顾高考

　　学习方法是因人而异的，有的人要把书翻烂才能学好，有的人一年下来，书还是新的可以再拿去卖，这两种人都可能读得很好，关键是你对哪种方法比较适应。在初中毕业时，我们每个人基本上都已经掌握了一套属于自己的方法。如果你已经用得得心应手的话，那就继续大胆地用下去吧。如果对自己的方法还不是很满意，再去参考别人的也无妨。

　　高中的确与初中有许多的不同之处，但只要细心摸索，还是可以发现不少规律。在这里，我谈谈自己的几点学习上的体会。

一、语文

　　有的人说考语文要看感觉，刚开始我也抱着一种将信将疑的态度，每到考语文之前就要"酝酿"一番，希望能找到所谓的"感觉"。结果语文成绩一直很不稳定，时好时坏，莫非真是因为有的时候感觉不对吗？通过一段时间的摸索，我渐渐觉得，学语文是需要一套科学的方法的。首先，当然要多看一些书，看一些文学名著或是报纸杂志，既可以培养语感，还能学到不少文学常识以及一些新鲜有趣的观点。在写作方面，除了多看书、看报外，还可适当记点日记、周记之类的，以锻炼自己的文笔，久而久之，就会越写越顺。其次，有空多研究研究语文试卷也不失为一种好办法。有的人觉得诗词鉴赏这部分比较不好把握。我的做法是多做多看，这样就能熟悉出题者常用的切入点，例如基调、时间等，做题时先从这几方面想想一般就不怎么容易错。总之，语文就像中药，越熬越有味。当有一天你发现，自己的"感觉"越来越准了时，你的努力就已经得到了回报。

二、数学

首先上课认真听，并不要求把老师讲的每道题都记下来，这样复习时要花很多时间。只要是自己已经懂了，思路也与老师一样的题目就大可不必再记。关键要记那些自己不懂或自己已懂但老师的方法更简便的题目。接下来是课后，要认真地把当天老师布置的作业做完，这不仅是巩固当天课堂知识的关键，也是思考再提高的过程。没必要做太多的习题，学好数学光靠题海战术不一定就行得通，关键在于掌握方法。数学一定要坚持天天练，一天不练就要生疏一些。即使时间再紧，也要每天花点时间看看习题等。

三、英语

英语是我最感兴趣的科目。英语有个特点，谁懂得越多，谁就学得越好。所以我建议学弟学妹们不妨提前多学一点东西，多掌握一些单词，扩大自己的词汇量。首先，语法是高中英语的重头戏。要想把语法学好，我觉得最好是多看一些语法书。光看一本肯定不够，很难有一本语法书能完全地覆盖英语语法的全部内容。最好能以一本较好的语法书为主体，再辅助性地看一些其他的书。语法要常常复习，温故而知新。每看完一个章节，就做一些练习以检验自己的学习效果。

其次是知识点。在把老师上课讲的内容记熟的同时，还要注意多翻翻词典，看看那些词是否还有别的意思。知识点一定要争取做到当天内容当天消化。如果有时间，不妨看一些英语原版著作。不一定要长篇小说，中短篇小说就可以，关键是培养语感。同时还能了解到一些名著，增长见识，一举多得，何乐而不为呢？

四、文综

（一）历史。我想说的是，关键在平时，临时抱佛脚是没有用的。高中历史的学习与初中完全不同，并不是靠死记硬背就能解决问题的。高中历史更需要理解。最好能每星期复习一次，每个月再总复习一次。复习时关键还是要反复看书。书才是最根本的。离开书本谈能力是不现实的。在读一节内容时，要想想在这件事件以前、以后都发生了些什么事，它们之间有没有什么内在的联系，能够说明什么历史道理。也可进行历史事件间的横向、纵向比较。书本绝不仅仅是读过即可的，光记住一些时间、地点、事件是没有用的，最重要的是要学会用历史思维去思考、去研究、去探索事件背后的东西。相信你不久就会发现，历史是越读越有味的。做题当然也很重要。做题的过程实际上也是再回顾、再思考的过程。平时我主要是做些选择题，选择题里有许多细小的知识点。复习完一章知识后我都会习惯性地找些有关这章的题来做，这样就会发现许多自己读书时没有注意到的东西，下次再复习时，思维角度也就更全面。至于问答题，我主要是听老师讲。关键是掌握分析方法。背答案是完全没有必要的，而且还很浪费时间。经过反复训练，你自然而然就会形成一种分析题目的思路。碰上同类型的题目时，按着那个思路去想一般就不会错。只有到最后复习阶段，我才着重看了一些问答题。因为我觉得这时候的题针对性都比较强，看一下正确答案对答题时的表述很有帮助。

（二）政治。高中政治也与初中很不一样。背的成分少了，灵活运用的成分多了。大部分题都是要求运用课本上的原理去分析当前的

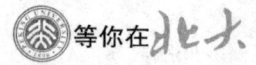

时事。首先当然还是课本，必须把课本上的每一条原理都记清楚，原理后面的阐述和举例也很重要。各个不同的例子是对应哪个原理的要分清楚，这在选择题中很可能会用得上。其次就是课外的狩猎。每天的《新闻联播》我都是必看的，另外还看一些诸如《环球时报》《参考消息》之类的报纸，看它们对那些焦点问题的分析，可以了解到许多看新闻时没法了解到的背景资料和各方观点等。每当考试时，碰到与自己课外阅读有关的题目时，我都会很兴奋，感到平时的努力没有白费，那时常常会有文思泉涌的感觉，迫不及待地要把自己所了解的东西都写上。越写越顺，越顺越有信心，越有信心心情越畅快，一般这样的考试我都会考得特好。

（三）地理。学地理最重要的是细心。就拿一张地图来说，上面的每一点信息都有可能成为考试内容，稍不留神错过一点的话，很可能那张图就白读了。地图是地理的重头戏，有时甚至会比书本还重要。读图时，可以反复地读那个地名，直到读顺了为止。这样，考试时那个名字就会很自然地从你脑海里冒出来，尤其是对一些很长、很奇怪的外国地名，这一招很有效。地理课本也要仔细读，特别是老师补充的那些内容。记得当初上地理课时，我常常是从上课记到下课，地理老师的知识实在是太渊博了，他讲的每一句话都会使你长不少知识，没有一句重复，没有一句废话，所以你只好不停地记，才不致漏掉什么宝贵资料。尽管记得手忙脚乱，心里却十分畅快，有时候看着记得密密麻麻的笔记，心里就会有一种特别欣慰、特别舒服的感觉。因为上课认真听、认真记了，课后复习起来速度也很快。当然最好是尽快复习，拖得越久，重新记起来就越慢，还容易忘。

最后，祝愿正在拼搏的高三学生能顺顺利利地考上自己心仪已久的大学。

姓　　名：唐梦莲

名　　次：吉林省文科第四名

院　　系：北京大学新闻与传播学院

毕业学校：长春市十一高中

业余爱好：旅游

人生格言：做一个诚实、守信用的人。

认为学习最重要的是：谦虚使人进步，骄傲使人落后

高考成绩：655 分

勇往直前，迈向北大

　　大学校园，是孕育新一代精英的摇篮，是科学家与政治家生活过的地方，是莘莘学子心中的伊甸园，但怎样才能进入这神圣的花园呢？这恐怕是困扰许多学生的一个难以寻得完美答案的问题。我希望以自己的心得体会为后来者提供一点借鉴。如果能使他们感到有所裨益的话，我就心满意足了。

　　如何使自己在强手如林的竞争中脱颖而出，我认为需要两个条件：一是平时功课基础扎实；二是临场镇定，应付自如。下面我就对这两个条件分别做一下具体分析。

　　要做到功课基础扎实，其实是件非难非易之事。说"非难"，因为只要上课认真听讲，课下及时复习，就能轻而易举地实现；说"非易"，因为做一时容易，坚持起来尚难，所谓"锲而舍之，朽木不折；锲而不舍，金石可镂"，说的也就是这个道理。

上课认真听讲也有好多学问。我们都知道一个人是难以在上课的所有时间里都能做到聚精会神地听课的。有的老师上课时讲一讲，就停下来让同学自己算一算，也正是因为这个原因。但如果老师不停地讲，你就要自己来选择辨析哪些内容是非记不可，哪些内容可以作为一般了解，哪些内容可以不必记忆，而使自己得到短暂的休息。像老师为调节气氛、活跃课堂而讲的笑话、逸闻，就可以作为一种消遣。

上课听讲不仅限于用耳去听，还包括用手去记、用脑去想。笔记的记录应该有选择、有重点。如果不论老师讲什么，都一味不加选择地记下来，还不如拿一个录音机录制呢。笔记要层次分明，重点突出，关键的地方要做上记号，或用有色的笔勾画出来，一目了然。要避免不分轻重，不分主次，千篇一律。这样的笔记就失去了其本身的意义。人的大脑相当于一个指挥中心，每时每刻都接收着外界传来的信息，又及时发出命令协调人的行动。因此听课时正是大脑存储有效信息、进行紧张的思维工作的时候，我们千万不可让它在这时休息下来，否则就会出现思维停滞的情况。也不可让它在这时溜号，否则就会出现"不知所云"的尴尬，我们应该随着老师的讲授，积极主动参与进去，进行思考，提出问题，寻求答案。

我以为自己能比较顺利地升入大学，一个相当重要的原因就是做好了上课听讲这一环节。我曾目睹周围许多同学表现出上述种种不适宜的做法，虽曾劝诫，但人微言轻，鲜为采纳，及至发榜，观其余诸君居于后位，始懊悔未曾"犯颜直谏"。因此，特强调"听讲"一项，望其后诸君引以为戒。

课下及时复习也是一个说易行难的问题。虽然行之甚难，我还是不惭在此说些我个人的复习方法，希望为诸君提供参考。

我认为复习应分为文理两类，理科类课程重在锻炼思维，解题思路应十分清晰。对课本上提出的公式、定理首先应熟记，然后做一定量的同步练习题，以对新学的知识初步巩固。我认为这种练习是必要而且很重要的，不能忽略。在每学完一个单元之后，还要做与整个单元内容相联系的练习，从整体上、宏观上把握其中的基础知识。做到系统性、完整性。更好的做法是在做习题前先浏览一些辅导材料上的例题，掌握大体的思维方式，这样眼界会开阔一些，到自己做题时也会得心应手，简言之，就是先看例题，再做习题。

文科类课程多数以记忆为主，因此，要选择记忆的最佳时间来背诵。这时间各人都有差异，有的在早晨，有的在夜晚，宜根据自身情况适当安排。值得注意的是这种背诵应建立在理解的基础上，就是无论什么文章，先读懂为要，然后熟读成诵。这样记下的东西才会牢固长久，在阅读时应选择安静的环境。虽说喧闹中读书会锻炼人的意志，但我们的时间是很宝贵的，没有这种锻炼的试验期。在宁静中，人的思想才会变得深远，所以要选择心灵恬静之时阅读、背诵。在记忆时，不妨采取一些技巧，如记住中心词、采用谐音，联系自己周围熟悉的事物等。一段时间后，以一周或两周为佳，要在脑子里回味一下学得的东西，对不理解的地方深入思考一番，站在新的高度以居高临下的气势审视所学的知识。

此外，我认为课外多阅读些期刊，也会对文科类课程的学习有所帮助。因为视野开阔之后，思考问题会更加理智、更有深度，在学习中还会有触类旁通的感悟。我就喜欢在学习之余读一些自己喜欢的杂志。我经常被其中的某些文章感动，文章中表露的积极向上的思想也会催人奋进，给我以前行的动力。

下面我还想谈一下临场发挥的问题。

每次考试出来，都会听到许多同学抱怨考试太紧张，没发挥好，甚至有的同学在考场上晕倒。这样的事情屡有发生，因此如何调整考试状态，发挥出最佳水平，实在是值得注意的问题。

我认为平时就该加强心理素质方面的锻炼，把自己想成一个最普通的人，会遭受挫折失败，做好接受一切现实的打算，不过高估计自己，以加强心理承受能力。平时也不妨打算一下自己的未来，在脑海中构造一幅大学生活的画卷，想象其中的细节，经常对自己做这种暗示将有助于考试的成功。

在平时应注意的另一件事就是加强身体的锻炼，无论在复习期间，还是临近考试之时，都不可使身体累垮。保证一副好身体在于吃好、睡好、玩好。各种营养品不必买太多，只要在日常饮食上加以补充即可。睡眠一定要充足，否则会出现浑身无力、萎靡不振的现象，无论做什么事都提不起兴趣，危及白天的听课及复习，长期如此，会造成体能下降，影响考试发挥。在紧张学习之余，适当进行一下体育活动可以缓解疲劳，但要注意适度，避免使自己精疲力尽，否则不但达不到休息的目的，反而还会气枯力竭，更会影响到接下来的学习。所以，在日常应注意吃、睡、玩三方面的协调，以使身体保持在最佳状态。

在紧张的复习氛围中，许多人会变得暴躁易怒，这既影响到心理状态，又会损害身体健康，所以要适时进行自我降压调节，使心胸开阔起来。不要斤斤计较某件小事，也避免去钻牛角尖，以一种超然的态度看待一切，镇定地旁观周围的一切。

平时需要注意的大概就这些，还有一些是考试期间应特别注意的小问题。

进考场不要迟到，尽量保证提前15分钟入场，因为如果到得晚，可能监考人员已经开始发草稿纸、答题纸等，无形中给自己造成了某种精神压力，况且提前入场可以先熟悉一下环境，避免陌生的感觉，也利于心情平静。

答题时要安排好时间，避免前松后紧和前紧后松的现象；拿到试题不要慌乱，把它当作平时的测验来做，细心解答每一道题；做到字迹工整、清晰，卷面整洁；选择题答完要先涂卡，避免结束时忙乱中忘记或来不及涂写；没有十分的把握不要修改先前的答案；尽量不要提前交卷。

考试出来后不要急于找同学对答案，应该对自己有充分的信心。不能为某一题失误而耿耿于怀，要以轻松愉快的心情面对下一科的考试。

在考试期间尤其应注意饮食，不要吃不卫生以及太油腻的食物，也不要吃平时不常吃的东西，防止吃坏肚子，影响考试，如果有条件，最好回家里吃饭。

对于考试期间的心理调节及临场发挥，我就谈这些经验吧，希望对即将参加考试的同学有所帮助。

另一个关键问题就是志愿的填报问题。我认为填报志愿应遵循几项最基本的原则：一是要有梯度，即各项志愿间要相差一至两个分数段；二是要有兴趣，即自己是否喜欢这所学校、这个专业，若不满意，就一定不要填报；三是自己的适应能力，即能否适应学校所在地的饮食、气候、口音及生活习惯，只要这几项做好了，无论最终被录取到哪所院校，都是自己喜欢的，可以没有任何顾虑。填报志愿时不可过高，也不要过低，这其中的度需要各人去把握。

上述一切都是我个人学习的心得体会。我不奢望博得大家的赞同，若能为即将赴考的同学提供些借鉴，也算尽了一份心意。

姓　　名：陈子丰

名　　次：黑龙江省高考文科状元

院　　系：北京大学中文系

毕业学校：哈尔滨三中

人生格言：一个人的价值，应该看他贡献什么，而不应当看他取得什么。

高考成绩：681 分

高考，梦想的跳板

成长的道路磕磕绊绊、曲曲折折，我们需要不停地铭记和忘记。铭记是一种成长，忘记也是一种成长；幸福是一种快乐，伤痛也是一种快乐。高中时代的我们一直在享受快乐，不断成长。

回过头来看，我想没有人会说高中时代有多痛苦，没有人会否认那其实是我们人生成长最迅速的三年。它对我们的考验，不仅是知识结构的考验，更是心灵的考验。

我从小就是个要强的孩子，事事都想做第一，事事都想做最好，包括高考在内。因为我了解，这是一次不可多得的机会。很多人会把高考当成是一种负担，其实不然，每一个看似充满挑战的机会都是一个自我提升的契机。高二的时候，给低年级的同学们做讲座，当时我的结束语是：一个人要有梦想，而高考就是我们实现梦想的跳板！

现在还记得那次活动，还记得当时自己信心满满的样子。当然最终的高考结果也并没有让我失望。在高考这块跳板上做出完美的一跃，是有方法和规律的，今天就跟大家分享一下我的一些高考的小原则，希望能给大家的备战高考之路提供一些参考和帮助。

一、关于计划

首先复习应该有计划，根据老师的复习安排以及自己对知识掌握的情况制定出短期内切实可行的复习方案是极其必要的。

我认为一个好的计划，既要有覆盖面又要有侧重点，又要可行高效。我要求自己给各科的时间要均衡，在这个基础上再突出复习的重点。以周计划为例，我将近期需要按部就班做的事情先列出来，写在纸上，然后分为三类，紧急而且重要、紧急但不重要、重要但不紧急。一般我把老师布置的作业、分析最近考的试卷、每日总结看作紧急且重要的；把大量做模拟题找手感视为紧急但不重要的；把做每日的英语阅读练习、语文字词诗歌背诵等，视为重要但不紧急的。然后我会画一张表，标出能利用的时间，然后将列出的事情按以上次序逐一填入，这样既知道了该做什么，又知道了做事情的顺序与时间，就能高效地完成复习任务。

还有一类计划是针对近期提高能力的。比如我在几次数学考试中都发现自己选择题的正确率不高，那么我针对这个薄弱环节制订了相应的复习计划，如每日定时 30 分钟做一套选择题，再用 40 分钟分析这套题的知识点和易错点，归纳总结。这样在一两个星期内，我做选择填空题的速度和正确率就有了显著提高。其实针对各科的薄弱环节，都可以规划出一段时间，采取做典型题然后归纳总结的方法进行针对性训练。这在临近高考时显得十分必要，也十分有效。

但有些同学因为不能完成计划而垂头丧气，最后不再规划了。其实这是很错误的做法。我觉得订了计划后，没有全部完成是很正常的。其实只要能完成所列计划的百分之七八十就可以接受了。因为你先做了对提高成绩最关键最重要的事情，抓住了主要矛盾，所以复习一定是有成效的。但如果没有这个计划，就会感觉复习得越来越乱，越来越不知所措，最后形成一个恶性循环，严重影响最后的成绩。

二、关于总结

在备考复习中，做一定量的题是必要的。从我的经验来看，通过大量做题达到六百一二十分应该是比较简单的。但是如果想取得更好的成绩，光做题就不行了。这时总结的必要性就体现出来了。

在学习中，我最大的收获之一就是学会了总结。我的整个高中生活就是一个不断总结、不断提高的过程。三中有一个特色，就是人人手里都有若干个总结本或者错题本，上面记的是平常总结的知识点、基本方法、分析模型、答题技巧以及易错点。大家把工夫都下在了平时，然后考前复习时都以总结本为主，这样既抓住了重点又节省了时间，而且在考试中也有很好的效果。我各科都有一个总结本，但最开始没有充分地利用它们。在第二次备考时我才认真地对待总结本，每天都整理补充新内容。比如我对数学的六道大题分类记录自己见过的题型，然后归纳出普适类方法与特殊类方法，并且反复应用和记忆，我用这个方法总结各科的大块知识点，效果显著。通过不断的总结，我渐渐掌握了许多高考出题的思路以及答题的规律，所以无论做什么卷子我都得心应手，都能拿到不错的成绩。

当然，除了对各学科进行总结，我还会对每天的生活进行总结。比如睡觉前，我都会回忆一下今天都复习了什么，今天过得怎么样，哪些时间还可以充分利用，哪些考试错误可以避免，哪些能力值得提升等等。

总之，进行总结，是为了夯实前进的每一步。只有站稳了脚，才能跑得更快，跳得更高。踏实下来认认真真总结反思的人，能站在更高的角度上认知高考。他们才真正把命运把握在了自己手中，而没有交给高考的出题人。所以，请大家要学会反思与总结，投入最有效的高考复习方略中。

三、关于身体

高考复习是一个持久战，越临近高考身心越疲惫。大家把全部注意力、全部时间都投入到了学习中，从而忽视了自己的身体，其实结果往往是事倍功半。

以我的一个同学为例子吧，他这次高考发挥得很失常，而这次失败很大一部分原因是身体问题。复习过程中他一直在生病，复习时也很疲惫，上课总睡觉。而且在高考的前几天里，他因为不注意用眼卫生，得了急性结膜炎，不能长时间看书和卷子，严重影响了考场的发挥，最终名落孙山。与他相反，我每天都在休息时进行一些体育锻炼，从而促进新陈代谢，缓解用脑疲劳和视觉疲劳。我每天生活都很规律，从不熬夜复习。对于我来说，整个复习过程都好像是一个养精蓄锐的过程，我每天迎来的都是一个良性的循环。

身心健康是高考成功的关键，亦是走好人生路的关键。我希望大家不管多忙都抽出一定时间活动一下，放松一下，让自己处在一个正常循环的过程中，不要出现无谓的虚耗。如此，你不光会在高考中受益，在今后的生活中也一定会受益。

四、关于心态

我想每个人都无法否认，高考的备考阶段充满了艰辛与痛苦。但是回首我的备考日子，我觉得快乐是大于痛苦的，我想这要归功于我良好的复习心态。

我的成绩本就不坏，随着高考的临近，成绩逐渐上升，我也就受到了更多的关注。开始有老师与我谈论报考北大清华，开始有同学向我求教进步的方法，但是这些成绩并没有冲昏我的头脑，谦虚的心态让我始终能正确地认识自己，给自己正确的定位。我一直认为，几次小成功并不能说明什么，只有高考的成功才是真正值得我们骄傲的。

快乐是生活的润滑剂，能冲淡一切痛苦的记忆。每个课间我与同学们在一起时，很少谈起课程与考试，我们一起谈新闻，聊体育，侃游戏。这短暂的 10 分钟带给我无尽的快乐，让我放松了心情，缓解了压力。同时，同学们在一起开玩笑、做游戏，又是一种感情的培养，在活跃学习氛围之余也增进了友谊。

当备考过程中出现了问题，与老师谈心也是一个不错的选择。挫折在所难免，而将问题压抑在心底，会给我们带来更大的痛苦。这时，我会选择与老师进行交流。有着多年教学经验的老师会有许多不错的解决问题的方法，也许困扰你多时的问题能被他们一语道破。不要害羞，不要担心，老师们永远不会嘲笑你，永远不会误导你。大胆地与他们沟通，宣泄内心的苦闷，必将对你的学习生活大有益处。比如有一段时间我做题准确率过低，考试中总犯下一些低级错误，却一直没办法解决，我便找到了我的班主任。经过她的分析，我才知道原来是因为我考试中过于放松，以致精力不够集中，思想经常开小差。从此，我在考前总是静心冥思考试科目的知识要点，使自己在开考后尽快进入状态，这样的错误便很少再发生了。

其实备考方法多种多样，但是只有适合你自己的方法才能对你有所帮助。这就需要我们在总结他人优秀方法的同时，寻找真正属于你自己的备考良策。

请记住，高考是一个帮你实现梦想的跳板，只要你握紧自己的梦想永不放弃、不断超越，高考这片土地终将使你的梦想开花结果！

姓　　名：肖　钰
名　　次：湖北文科状元
院　　系：北京大学光华管理学院
毕业学校：武汉外国语学校
人生格言：人有时必须顺从命运，但决不能屈
服于它。
高考成绩：646 分

圆梦燕园——我的高考经验

　　多少个寒冷静寂的黑夜，只有明亮的台灯与无边的习题与我为伴，但我依然会抽出时间在窗边仰望星空，守望那梦的源头；多少个困倦迷糊的清晨，熹微的晨光令我愈加混沌，但我仍然拉开窗帘，迎接希望的曙光；多少次失落彷徨的漫步，只有无垠碧天回应我无助的追寻，但我仍然奋力奔跑，紧握梦想的力量……

　　感受着从北方吹来的风，凝望着从北方飘来的云，聆听着从北方传来的召唤。一切，都只为了追逐那深植于心的梦想——燕园之梦。

　　是为了触摸那历经百年依旧繁盛的人文气息，又或许是为了领略大师名家们的演讲风采……幽静深远的未名湖，独领风骚的博雅塔，还有"兼容并包，思想自由"的北大精神，无一不令我憧憬迷恋。我在心中暗下决心，一定要去"一塔湖图"的美景中读书学习。

　　然而我知道，我只是莘莘学子中的渺小一员，而燕园却承载着众人共同的理想。只有异于常人的努力、加倍的付出，征服高考，才可能换取那珍贵的资格，踏入梦里的天堂。

备战高考首先需要一种积极的心态，一种坚持到底的意念。听一位长辈说，人最痛苦的时刻就是自己在改变、在提高、在思考、在成熟的时刻，正如破茧成蝶。高考的过程就是这样一个痛并快乐着的过程。回头审视过往的时光，你甚至会有些惊讶地发现，就是在这段当时看来平平淡淡、日复一日简单重复的日子里，我们迅速地成长着。在这段最单纯、平静的时光下，酝酿着最热烈的青春的燃烧。

我想，这正是大部分备战高考的同学所察觉不到的，也只有真正走过了那段时光的人，才会怀着感激的心去看待那样一段平淡的日子。希望每一位将要走向高考的同学都能够用心去体会自己身上每时每刻所发生的变化，抱着这种积极的心态，抱着这种坚持到底的意念，改变、提高、成长、成熟。

举一个简单的例子。在做数学试卷时，大家都很头疼解析几何那道大题，尤其在遇到极其烦琐复杂的计算过程时，往往显得急躁，并因计算错误而丢掉很多分数。原来，我也是很头疼这些加减乘除、开方平方，但后来却可以心平气和、按部就班地算出准确答案，并且一次成功。我想，这就是复杂的计算过程带给我的最大收获——每当遇到这种题目时，我并不认为这是一种折磨，相反，我把它看作一次机会。在别人心浮气躁时，我却可以心如止水，不让自己在这种只需要小学生计算能力的题目上无端失分。再从这一道题的心态扩大到整个数学考试的心态，我就会先踏踏实实做好每一道基础题目，再安心地去一道道攻克那些较难的题目。

在备战高考的日子里，要逐渐学会调整自己的心态，把大家看作障碍的事情看作机会，心态不同了，效果往往也会大相径庭。做好了这第一步准备，也就离高考成功不远了。

我还想就备战高考的日子里大家经常遇到的一些问题，谈谈自己的看法。

一、关于"题海战术"

很多人都一味地批判"题海战术"，但其实当你没有其他好的方法或者是没有办法改变这种事实的情况下，"题海战术"还是一个不错的笨方法。真正到高考前夕，我们没有那么多时间去翻看那么多的题，因此问题的关键就变成了我们如何跳出"题海"。我觉得在时间相对比较充裕的第一轮复习中，大家可以尝试做错题集，就是把错题整理到一本专门的本子上，但要记得重点并不在于照抄原题，而是得学会从题目中找出问题的症结所在，有所思考地做摘录。等到第二轮、第三轮复习的时候，大家的时间会比较紧。我觉得做错题集可能就没有多少实际意义了，容易得不偿失。每次复习的时候，自己可以直接在试卷上给那些自己下次还需要巩固的题做上特别的记号，而不用每次都把错题全都看一遍。

二、关于兴趣问题

很多人会这么抱怨：我对现在所学的东西根本不感兴趣，我怎么可能学得好？当然，最理想的情况自然是我们做着自己感兴趣的事情并且把它做好了。但是一生中我们可能会遇到很多我们不感兴趣却不得不做的事情。我们应该先试图培养自己的兴趣，如果还不行，我们应该想想身边的父母、老师为自己付出的一切，想想只有过了这么一关我们才能做自己感兴趣的事情。

三、关于背诵的问题

每个人的记忆力总是有差别的，我们不能奢求自己有超常的记忆力。记得有位老师说过："每个人都是天才，你没有成功，只是你重复的次数不够。"只要我们不惧怕背东西，只要我们乐意去不停地重复，我们总是能背出来的。高中时期，我们一定要充分利用早读，放声地读，让自己的耳朵里只有自己的声音。晚上睡觉前，适当进行一些背诵，效果也是很好的。而且，总是选择花大块的时间去记忆往往会让你对背诵产生反感，你可以试试利用自己的零碎时间来背东西，比如课间、排队吃饭时，这样不会占用太多时间而且效果还很好。

四、关于制订计划

高中时，无论是主动地还是被动地我们都会制订很多计划，可是很多同学都会抱怨计划终究只是计划，一直完不成。我想，计划应该分为长远计划和短期计划。长远计划，比如说我理想的大学，是用来给自己指明方向、提供动力的。短期计划，是为我们更好地实现长远计划服务的，要切实可行，不可夸夸其谈。而且，对于短期计划，我们每周都要留下一些空余时间，来完成这一周尚未完成的计划，免得越积越多。

五、关于劳逸结合

身体是革命的本钱，高考不仅仅是一场知识的较量，同时也是对我们的身体的考验。长达半年甚至一年的备考阶段，每天十余个小时保持注意力高度集中，睡眠不足，体育锻炼缺乏，无不对我们的身体健康造成影响。因此，合理的作息规律便成为高考成功的一大保证。

首先，关于睡眠时间，因人而异。高三一年我每天睡眠 5 小时，而我的同学也有人保持着 8 小时的睡眠。但是无论时间长短，我们需要保证的是第二天的学习不会受到影响。为了贪图几个小时的晚间学习时间，导致第二天一整天的浑浑噩噩，是得不偿失的。所以通宵学习，绝对是我们应该摒弃的。

其次，每日的体育锻炼必不可少。每个课间，无论有多少作业需要完成，我们都必须强迫自己走出教室。室外的清新空气能清除全身的疲惫，使你以轻松的心情投入下一节课的学习。

也许是冥冥中的巧合，在燕园写下这篇文章的时候，正好是 11 月 7 号。还有整整 7 个月的时间，2012 年的高考就要开始了。此时距离 2011 年的高考，也就是我的高考，已经过去了 5 个月。虽然已经身处梦中的燕园，但时间的飞逝，还是让我觉得有些不留情面。

　　借用冰心的一段话也是我很喜欢的一段文字，送给还在为梦想奋斗的同学们：不是每一条江流都能入海，不流动的便成了死湖；不是每一粒种子都能成树，不生长的便成了空壳！生命不是永远快乐，也不是永远痛苦，快乐和痛苦是相辅相成的。水道要经过不同的两岸，树木要经过常变的四时。在快乐中我们要感谢生命，在痛苦中我们也要感谢生命。快乐固然兴奋，苦痛又何尝不美丽？

　　高考对于每一位考生来说都是人生中的一次挑战，有人把它比作战场，但我觉得更是一个圆梦的机会。因此，衷心地希望学弟学妹们在高三这一年中保持良好的身体素质和心理状态，勇敢地迎接高考，也愿每一个怀揣着燕园梦的学子都能梦想成真，我在这里等待着你们的好消息！

姓　　名：王伟宇

名　　次：吉林省高考理科状元

院　　系：北京大学元培学院

毕业学校：松原市实验高中

人生格言：在这努力追求的过程中，我们觉得
生命有意义，活着有价值。

高考成绩：701 分

理综助我考上北大

2011 年 7 月 16 日，是我 18 岁的生日，正巧也就是那一天，或许
是上天的安排，我收到了北京大学的录取通知书。那一刻，灿烂的阳
光斜斜地射进心灵的窗口，环绕着我的周身。那种温暖是风帆漂过大
波大浪，到达彼岸的喜悦；是溪流翻过崇山峻岭，汇入大海的释然。
也许考上北大不算什么特殊的荣誉，只是圆了我一个多年的梦想，并
为自己找到了一个更广阔的舞台，但无论怎样，回忆起那段似水流年
总是诸多感慨⋯⋯

高三这一年是难忘的，我甚至觉得人生如果没有这一年是不完整
的。它给了我痛苦，也给了我欢乐，教会了我承受，也教会了我成
长。人生的路的确漫长，但关键之处仅有那么几小步，走得好走得
稳，就会赢得一片更广阔更美丽的天地；走得不认真，可能就会一下
子失去很多机会。所以，这一年，再苦再累都是值得的！

　　经历过后也许觉得那并不算什么，但真正回想起来，那段日子仍然是充满着挣扎与艰辛。记得刚上高三的时候，我很不适应，每天除了白花花的试卷，再无其他。还有的记忆就是"考一次，哭一次"，因为总觉得离梦想太远，总会犯不该犯的错误，总是被莫名的压力压得喘不过气来。记得去年的中秋节，也就是我上高三那一年的中秋节，下了晚自习，我为了排解内心的压力，便去操场跑步，四周一片漆黑，大操场上很静很静，猛然间抬头，望见天边清澈如水的月亮，皎洁的月光映照在我身上。我当时就想：如果明年中秋能在北大的未名湖畔赏月就好了。那时觉得就像是做梦一样的事情。一眨眼间就这样过去了，今年的中秋恰巧是我来北大报到的第二天，晚上新同学一起在未名湖边举行中秋班级聚会。凝视着那灯光闪耀的博雅塔，仰望着今年中秋的月亮，我不禁感慨万千。这一次聚会上，大家互相做自我介绍。我跟大家讲述了这件事，同学说我圆梦了。我说我们大概都圆梦了吧！也许这个梦并不完全像当初设想的那么精彩，那么甜美，但追梦的过程是什么东西都无法替代的，是我们人生中真正属于自己的财富，也是一首大概只有自己才能读懂的诗歌。

　　现在的我已经逐渐适应了大学生活，但我仍然能够忆起高中的日子。回顾那段拼搏的时光，我总结了一下我高中关于理综的复习经验，希望能够给现在还正在拼搏道路上的学弟学妹们一些帮助。

　　前辈常说，高考理科，成也综合，败也综合！确实，在我们这届同学之中，依托理综优势成就梦想的，比比皆是。同样，在理综考场不幸失蹄，使得自己壮志未酬的"千里马"也绝非仅有，理综必然成为理科考生的明争暗斗之地！就我自己而言，今日能伫立北大校园，大部分也要归功于理综。其实，理综考试的不断加强正是社会现今主流的"多面型人才"在高考选拔中的具体体现。相信这在今年的理综考试中仍会更加淋漓地得到体现。

　　理科综合的复习方法是有规可循的，接下来我先从单科的角度说一下各科复习的要点。

化学是一门综合性很强的学科，学好化学需要重视课本知识。首先，要把教材和笔记啃熟啃透，其中包含基本概念、化学方程式、反应现象、图形物质结构分析等。这是最基本也是最容易在考试前期被忽略的。如果没有牢固的基础知识做保障，做再多的题目也是枉然。当基础知识牢固后，一种类型的题目就能总结出规律，就能确保在考试中拿到基础分。其次是分块进行专项难题、大题训练，其中包括化学实验、金属类推断、有机类推断等。这些大题的选择多来自原来的高考题目。高考的一大特点就是每隔几年就会有相似的考点出现，而且从高考题的推断题中，你可以找到最常考的推断题突破点。这是处理推断题的关键。通过做高考题，不仅可以适应高考题型难度，还能熟悉高考命题的规律和常考考点。

生物是理科学科里最偏文的学科，它的学习方法也跟文科的学习方法很相似。看书加记忆是最主要的，和化学一样，依旧是啃透书本知识，包括书本上的图片、课后小问题以及各页的注释等。生物的压轴题一般都是实验题。这种题虽然看上去题型多变，但实质上无外乎探究和验证两大类，而每一类都有固定的实验方法和验证过程。复习时，一定要重视对答题流程和答题模式的总结。

物理主要考查学生的逻辑思维能力，它需要考生在头脑中建立完备的思维体系。物理和数学学习较为相似，冲刺阶段在保证公式背熟的情况下，应经常查看以前的错题，多做套题训练，归纳相同类型的题目，分析解题的思路和技巧。

理综拿到好成绩最重要的一点是，一定要注意绝不可在这三门课程中出现严重的偏科。虽然，在分数上，物理120，化学108，生物72，似乎应该投入更多的精力在物理上，可实际操作中你会发觉，这种分数比例的确立，其实是已经考虑到了三门课程的难度与普适程度。要明白，这三门课程共用着你的"科学细胞"，它们共同考查了你理论联系实践，即课本知识应用于实验生产的能力。

我们在平时做测试的时候，一定要注意积累遇到的，甚至可能再次应用到的实际问题。在攻克这些问题的同时，有目的地培养实际与理论相联系的思维与技巧，学会提炼实际问题中的知识模型，学会揣摩出题组想要你回答的知识要点。更准确地说，这才是你要在茫茫题海中寻觅的真谛所在！表面上，我们是在利用茫茫题海查找知识点的漏洞，在一步步重复中强化目标词汇的印记，争取做到能够在拿到题目的短时间内完成对一道题目的肢解。究其本质，我们要掌握的技能应该是在一次次的接触中，逐渐养成的对题目背后隐藏的考点的敏锐洞察力。说白了就是要明白，考试给出这样的题目，究竟想考查你哪一块儿的知识点，考试想要的答案才是你应该关注的。不过，我承认，这的确是费脑筋的事情，思维是出题组老师的，我们怎能掌控？但真的想要冲刺北大、清华这样的名校，就要求你不得不在这一点上多下功夫，除非你已经将课本知识彻底融会贯通。

对于每一单科知识的掌握，其实也有共同的关注点。每一门科目都是将很多本书的很多知识点放在了那短短两个半小时的考查中，自然不可能事无巨细。但出题组要努力达到的却是样样不漏，主干知识点一定会全面涉及，绝不可能直接跳过主干，反而去考查分支。此时，他们利用的工具恰恰是大题之外、占据相当比例分值的选择题！要知道，即使一个化学方程式写不出、一项守恒条件没有列出，也不过顶多和一道选择题等分，后者的重要性自然不言而喻。关键是，一道选择题，如果他愿意，可以至少考查四类的知识点，很多出题专家便是在这一方向下足功夫，以完成整张试卷对几乎全部大章节的考查。由此带来的便是我们要关注的知识点跳跃的问题，必须在遇到此类四选项完全不相干（最常见于下列说法正确与否的题型中）的题目，做到下一选项不能受上一选项的干扰。很多时候由于上一选项的不确定，进而导致我们会主观臆断下一选项的正误，这是很危险的事情。一定要记得，要客观判断，不可主观认知。

　　学好三门学科的另一个共通经验是回顾、反思你的错题集。很多同学有记录错题的习惯，没有错题本的同学也不用着急，其实就是选择性地把原来做过的套题或者学校老师发的训练题看过一遍就可以了，不用额外在高考前整理一个错题本。当然，在翻阅错题时，要重新思考这道题目的解决方法，分析之前出错的原因，以避免重复犯错误，这才是复习错题的关键所在。

　　计算的速度与准确性同样值得广大理科同学们注意。有一年湖南省高考理科综合考试物理第一道大题就是计算不同种类金属丝的长度；在化学实验题中，计算试剂用量的大题也在思维上并没有特别的要求，而是侧重计算的，但仍是有很多同学栽在计算这一关上，真的非常可惜。所以，计算能力在冲刺阶段要引起高度重视，这样能提高答题准确率，在考场上也是一种心理适应。

　　还有一点就是在做题之后马上翻阅书本。只要在做题的过程中没有百分之百的把握，就应当查阅书本。在计时训练完成后，查阅书本找到最准确的答案，一遍记不住，两遍记不住，三遍就会慢慢记住的。

　　祝福所有正在备战高考的学子们考上自己心仪的学校。过了这个时节，你们就会体会到全身心投入一件事是多么有意义的经历，全力以赴带给你们的是对生活、对人生全新的解读和感悟。高三的日子注定是艰辛而快乐的，祝愿你们用追求卓越的精神让心灵之花盛放，为成长的道路留下一道最动人的风景！

姓　　名：徐婷婷

名　　次：湖南省高考文科状元

院　　系：北京大学新闻与传播学院

毕业学校：湘西自治州民族中学

人生格言：有许多人是用青春的幸福作为成功的代价的。

高考成绩：675 分

我的高中数学学习方法

　　数学是自始至终伴随我们十二载寒窗苦读的两大经典科目之一。数学的学习方法，一直以来，也是一个经典的话题。可能因为我从小就喜欢数学吧，一直以来数学成绩都不赖，高考考了 143 分，也算是不辱使命。接下来我就给大家讲一讲我高中数学的学习方法和经验教训，希望能够给学弟学妹们一些帮助。

　　有的同学觉得数学题目花样繁多、防不胜防；有的同学觉得答题时间总是那样紧迫、不易把握。其实高中数学的知识架构和试题组织还是非常清晰明朗的。每年高考卷虽外表千变万化，其本质往往大同小异。经历了无数次模拟考试磨炼的同学们，从中总结出一些规律。"机遇总是垂青于那些有准备的人。"征服陌生考卷的关键在于从陌生的数据与条件之中，努力探寻熟悉的概念与方法，将考试的主动权牢牢把持在自己手里。

首先，要有学好数学的信心。"世上无难事，只怕有心人"，每当我们面对一道题目时，不应该有畏难情绪，而是要积极地去寻找解决问题的方法。我们要树立信心，坚信自己一定能够把它做出来。一旦有了这种信心，我们就能心平气和地面对它，冷静地分析题目，解答出来的概率就大了很多。

树立了学好数学的信心后，接下来，我们就要去寻找解决问题的方法了。数学的一大特点就是题目特别多，我们每天都会遇到各种各样的题。但我们不能陷入题海的泥淖中无法自拔，应当学会"跳出来"看问题，经常总结自己做过的题目，总结方法，多归类。这样，当我们再遇到类似题目时，就能运用已有的方法去解决它了，孔子说："不愤不启，不悱不发，举一隅不以三隅反，则不复也。"

解题的方法主要源于课本。可能很多同学对数学课本不屑一顾，认为教材里的题目太简单，根本无法应对考试中遇到的各路难题。其实不然，课本是所有考试的根本，课本里面的例题都是由数学家精挑细选而来的、具有代表性的题目，而试题的解题方法基本都是从课本里面衍生出来的。只有完全地吸收和掌握了课本里面的知识，才能把它们转化成自己解决问题的方法。

其次，要有谦虚的学习态度和进取的精神。成熟的麦穗总是低着头，我们对待老师和同学一定要虚心，多向别人请教。在上课老师讲评的过程中，同学们一定会遇到许多自认为基础或是简单的题目，而老师却反复地在强调，包括强调必要的步骤等，于是同学们便认为没有必要，上课也不认真听老师讲课，只是一味地去做自己认为较难的、可以提高成绩的题目。自认为自己多学了知识，充分利用了上课的时间，其实则不然。我们一定要戒骄戒躁，虚心地接受和耐心地重复。对于这种所谓的基础才是高考真正的骨干和精髓，我们要的不仅是会，而且是熟练地掌握、快速地迁移和准确灵活地运用。一道数学题目会做是一个层次，要得到满分又是另外一个层次。课上老师反复重复的地方往往正是我们容易出问题的地方。试想，拥有丰富经验的老师在传授高考"秘诀"的时候，你却错过了，那要自己在课下做多少练习才补得回来呢？

因此，必须树立起谦虚谨慎的态度，认真听好每一堂课，认真掌握好每一道典型题目的思考方法和解题步骤，不能放过任何一个细节。只要精益求精，达到150%的熟练程度，那么，你离你的理想学府就不远了。千万不要犯那种"一听就会，一讲就懂，一做就错"的毛病，因为这个毛病不论在什么时候，不论在哪一门课上，都将会是我们冲刺理想学府的绊脚石。

至于在课下想提高数学成绩，建立自己的错题本是一个不错的方法。我还记得高中班主任老师说过："高考最大的挑战莫过于让自己少犯错误或不犯错误，这其实并不是不可能的，这是一场和自己的细心及毅力进行的战斗。"而错题本的建立和有效运用就是一条避免自己犯同一个错误的途径。

收集错题，并不是将错题抄下来就行了，这样做不仅不会有收获，反而会无谓地浪费自己宝贵的时间。要把自己出错的地方画出来，细致地分析自己出错的原因：如果是一个知识点或公式掌握得不牢固，就对这方面的知识全面复习一遍；如果是计算的错误，也建议大家再把过程重新计算一遍，找到当时具体是在哪一步上出了问题；如果是因为完全没有思路，那就要好好地看看是不是知识公式的掌握不熟练还是解题方法的不正确等，这就要更加认真细致地把所有过程一步不差地写出来。以上这些都要有明显的标记，以便提醒自己以后要在哪一方面注意。

同时，也要对错题本经常回顾，经常翻翻看看。要只是把错题简单地抄写和整理一遍，以后就再也不管它了，是完全没有作用的。我们要不断地复习和回头总结出自己常见的出错原因及正确的思路，争取不再犯同样的错误。因为一个真正聪明的人是不会在同一个地方跌倒两次的，对于其中有些关键性的步骤一定要再次亲自细致规范地写出思路和解法，这样才是真正的理解和掌握。

此外，为了节省时间，我们可以采取粘贴的方式来进行，还可以拜托我们的父母把题目帮我们抄下来，步骤则由我们自己来写。当然，也可以将自己的错题本经常与同学交流一下，相互借鉴，共同进步。

数学是由一道一道题目组成的，自然地想要提高数学成绩也必须通过不断的练习来达到。数学好的同学也就罢了，数学不好的就一定要比别人多拿出一点时间来练习，"熟能生巧、笨鸟先飞"就是这个道理。

我们做练习时，一定要有时间的观念，最好能够一周里拿出一个半小时的时间来集中做一份模拟题。之所以说是一个半小时，而并非考试时的两个小时，是因为在这一份模拟题中，一定会有我们怎么也做不出来的难题。与其在那里慢慢思考，慢慢磨，还不如节约下时间来做一些别的题目，等到老师讲解或参考标准答案的时候再好好理解吸收，这样才可以做到最大限度地利用有限的时间。同时，若没有完整的90分钟来练习，也可以用较为零散的时间来做。在做每一道题目同时也要有时间的限制，并要求自己一定要完整地写出步骤和过程，要用高考的要求来时时规范自己。只有这样，才能在速度和质量两个方面最大限度地达到训练的目的。

说来说去，进行这么多工作的目的还是为了考出一个高分。很多同学都有过这种体会，知识都已经掌握了，平时的练习也没有问题，但是考场上的发挥经常会差强人意。所以说，数学学习最后一个重要的部分就是临场发挥了。

在数学考试中，仔细审题非常重要。有些同学对题目瞥一眼就急于下笔，连题目的条件与要求都没有吃透，至于从题目中挖掘隐含条件、启发解题思路这种高级功夫就更无从谈起，这样解题很容易出错。只有耐心仔细地审题，准确地把握题目中的关键词与数字、符号、等式，从中获取尽可能多的信息，你才能迅速找准解题方向。要记住题目看几遍都不多！很多你以为不会做的题目，其实只需要仔细地再看一遍，也许就能找到突破口。

数学考高分的精髓就是两个字："准"和"快"。我在做题时就对自己说，这是最后一次和这道题打交道，把它做对我就不用再花时间回头检查了，所以我做数学试卷都是一遍成功。当然这也有一些弊端——题目一旦做错就很难挽回。在题量大、时间紧的情况下，"准"字则尤为重要。只有"准"才能得分，只有"准"你才可以不必再花时间去检查。而"快"是平时训练的结果，不是考场上所能解决的问题。一味求快，只会落得错误百出。适当地慢一点儿、准一点儿，可多得一点儿分；相反，快一点儿，错一片，花了时间还得不到分。

开始考试时，一拿到试卷，你就应总体浏览一遍，确定整张卷子的整体难度，看看压轴题是不是常见的几种，看看哪些区域是一定要做对的，哪些区域是需要再考虑的。总之，先挑简单的做，等把这一块的分数拿稳，心里有了底再做难题。千万不要在某个卡住的题上打"持久战"，那样很耗时间，会做的题也会被耽误。

好了，讲了这么多，希望能够对大家在高中的数学学习有所帮助。同时，每个人都有最适合自己的方法，希望你能够在学习中找到最好的方法，获得更好的成绩。最后，祝大家早日梦圆清华、北大！

姓　　名：李宁宁

名　　次：陕西高考理科状元

院　　系：北京大学元培学院

毕业学校：勉县一中

人生格言：人不可有傲气，但不可无傲骨。

高考成绩： 709 分

高考冲刺复习的一些经验方法

　　我的高三已经逝去接近半年，谨以此文怀想我的高三生活，也希望其中承载的一些有益的经验能够将要面对高考的学弟学妹们提供一些借鉴和参考。

　　首先，我就不同的学科，分享一些自己觉得实用的备考技巧。俗话说得好，大巧不工，重剑无锋。高考作为一项考试，各个科目的优劣是基础中的基础，在这一点上是没有任何花巧可玩弄的。

　　语文是令大部分理科生比较困惑的学科，好像无论如何努力，成效总是不甚明显。在我看来，理科生中语文成绩好的同学大致可以分为两类：一类同学将语文当作文科来看待，他们往往具有深厚的语文或者说是文学功底；另一类同学则是将语文当作理科来看，把感性的语文梳理出自己的一套理性脉络，回答语文题目就像解答理科题目一样，分成一二三四，按部就班。前一类同学在理科生中往往只占很小的比例，而后者居多。在语文复习时，要多注意答题技巧的总结与实战中的强化，每一种类型的题目都或多或少的有自己典型的答题模式，只要认真总结、处处留意，考试时结合具体的文本加以丰富和变通，就会取得不错的效果。作文也是如此。在我看来，作文拿高分的秘诀就在于材料事例的积累以及文章结构的建立与运用。

英语往往是同学们提高最快，却又难以达到更高层次的一门学科。其实学习英语就是一个简单的积累过程。通过积累，锻炼自己的语感，强化自己的题感，考试时就会轻松自如了。那么，如何才能在自己高水平的基础上更上一层楼呢？在高考复习阶段，问题主要集中在完形填空、阅读理解以及作文上。在做完形填空时，我们往往会犯这样一个错误，那就是语法一直占据着我们的解题思路，有时甚至会使我们偏离了出题人所预想的答题方向。要知道，完形填空的出题意图主要集中在对文本的研读与理解之中。所以使我们产生纠结疑惑的题目，往往就是与文本文意直接联系的题目。这时，我们就要从文本本身出发探求答案，或者是上下文的呼应，或者是作者态度的表达。阅读理解有一种比较实用的答题技巧，那就是将问题与所给选项带回到文章去看。不要凭自己的印象去答题，一定要还原回文本，逐一对照，看是否全面，是否切题。作文要取得高分，首先需要你积累一定的英文单词；其次，必要的背诵与积累也很重要，这包括作文结构、开篇结篇的句式、关联词的变化与运用等。

数学和物理绝对是我们理科生必须要攻克的难关。大量的题目练习必不可少，程式化的答题模式是我们轻松拿到基础题分值的有力保证。但对于一些难度较大的题目来说，机械的训练往往收效甚微。这时，我们需要的便是理科学习中经常被同学们所忽略的消化理解与吸收总结了，也就是所谓的"举一反三"。有些同学可能会认为大量的重复性训练是没有必要的，于是开始一心钻研那些所谓的难题、怪题，我认为这是不恰当的。高考绝对是以成败论英雄，分数的高低决定了你的最终归宿，没有人关注你会不会做这道题，只会看你这道题是不是能够得分，实用的不是所谓的"能力"，而是"得分的能力"。而"得分的能力"是依靠熟练来保证的，只有足够的熟练，才能够在有限的时间里拿到尽可能多的分数。而对于那些超出平常涉及范围的、比较难的题目，就需要我们平时多去总结了。当我们遇到这类题目时，要记得及时反思，总结答题的思路，更要厘清出题人的意图，要知道，出题人并非毫无根据地设置出这样一道题目，而且新出的题目往往并不像其他的题目那样成熟，经常能从中看出出题人比较明显的倾向。

化学和生物对理科生来说，是比较轻松的学科。多看几遍课本对这两个科目的学习是十分必要的。如果说数学、物理注重思辨性，那么，化学、生物则更注重记忆与联想。这两门学科知识点比较分散，体系也并不是很明晰，所以要想能够"熟练地想到并运用"这些知识点，课本就是最好的出发点。做这一部分的题目，我也有自己的一点经验，那就是无论做对没有，都要看一看标准答案解析：一方面要了解出题人的意图——有时虽然做对了，但是想法却与出题人所预设的不同，所以可能另一道题出题人仍是相同的思路，而题目的某一条件发生了变化，解答便出现错误；另一方面在于这两个科目答题的规范性问题——标准答案往往比我们自己的答案更周全、更缜密，这就需要我们精益求精，对比出自己回答中不规范的地方，加以改正，绝不因此丢掉一分。

高考冲刺复习阶段包含着生活的方方面面，不仅仅是拥有好的学习方法就能保证高考的成功，所以接下来，我跟大家分享一下除了学习之外我的经验。

和别人相比，我的高三过得相当"惬意"。我睡得不少，吃得很好，越是到备考的紧张时刻，我的"生活质量"越是高。身体是革命的本钱，即使是紧张的高三考生，也应该拥有规律、健康的生活。

每天 6 点起床，坚持晨跑，是我高三一年最有益的经验之一。运动时间也就是 15 分钟，跑上 1000 米左右。这样的锻炼绝不会让你感到疲劳和瞌睡，相反，它能唤醒你的精神与头脑！在备考的最后 3 个月里，适量运动，保持身体健康，不生病、不请假，这无形中就是对备考的一大助力。

坚持吃早餐，这样上午上课的时候不会很饿，学习效率也会提升很多。平时多吃些蛋白质含量高的食物，适量地喝一点蜂蜜水，这对排毒很有好处。少吃快餐，油炸食品终归对增长智力无益。

睡眠保证在 7 小时左右，我习惯晚上 11 点睡早上 6 点起。有的同学喜欢回家倒头就睡，设好凌晨 1 点的闹铃起来学习。这些时间安排在我看来因人而异，重要的是要保证睡眠与复习的规律性，不要今天睡得多、明天熬夜，这样不仅影响学习进度，同时也会干扰生物钟的运行。

高三的考生们总是勤恳的，不怕参考书厚又多，就怕时间不够用。一天 25 小时都不够用，48 小时还算可观，有时间多看一页题，考试的时候保不准就能少心悸一次。以上都是玩笑话，我们其实应该感谢时间老人的公正，让人人拥有等量的时间。是他维持着这唯一的定量，好让人们能分出个勤奋懒惰。

其实只要使用得合理，时间是可以"伸缩"的。我的方法是：准备一个行程录。选一个设计得好一些的小本——前面写月计划，后面写日计划。

高考生总会有一些杂事，当杂事与重要的事混在一起的时候，就难免误事。在月计划里记好报名日期、体检日期、第一次模拟考试日期、填写志愿日期……在日计划中写上练习内容、复习计划、具体科目以及每个项目预计的时间安排。记住，计划列得越详细，实施起来越可行。每项事宜办完以后用红笔划去，会有一种不可思议的成就感；未办的事宜就会停留在本子上，给主人提供很好的反思空间。如果是任务设计得太多，那么在今后的学习计划中就可以有所改进；如果是当天偷懒没做，那么任务会扎眼地留在那里，督促主人学会勤奋和善始善终。

日程学习计划其实并不如一般人想象的那么难，它只需要一个认认真真的起头，然后便会如滚雪球一般越来越好地继续下去。做计划的人一定要是自己，不要是家长，也不要是老师。一定要有信心：只有你才是最了解自己的人，相信自己，你的命运是可以自己掌控的！

有一个好身板来面对高考的负荷，有一个良好的时间规划来学习，离成功就只剩下一步之遥了，那就是心态调整。这一直是高三考生难以逾越的"龙门"，但是越不过也要越，因为战胜不了自己的"求考者"是无法收获成功的。

高三一年里遇到的"倒霉事"会很多：考试失利的沮丧，努力学习但成绩却不见提高的失落，老师的不看好，即将与理想学府失之交臂的恐慌……心态调整的作用，就是把人从坏情绪的泥沼中捞出来，让他重新看见希望，坚定信念，再一次向目的地前进。

姓　　名：冯　锐

名　　次：宁夏高考理科状元

院　　系：北京大学物理学院

毕业学校：银川一中

人生格言：生活的理想，就是为了理想的生活。

高考成绩：680 分

踏实的最后一步——高考考场上的经验分享

也许每一个正处于备战高考时期的同学都和我当时有同样的感受：高考，这个原本离自己很遥远的名词，已经在不知不觉中逼近，如巨石般压在了自己的身上。就这样，我们这些原本无忧无虑，还正考虑着如何享受花样年华的孩子有了相似的烦恼。我们被重新定位，我们是"高三学生"了。

高三所面对的最大的挑战当然是高考，高考冲刺阶段各个科目的学习经验，相信已经有很多人介绍过了。好好学习，有一个扎实的基础知识积累，确实是重要的，但另外一个方面，考场上的临场发挥也是非常重要的一项。接下来，我就这个方面跟大家谈一谈。

首先，我和大家谈谈在高考中应该如何保持良好的心态，做到不过分紧张，不慌乱。最重要的是以一颗平常心来看待高考，我想父母在这个时候其实是不会也不敢给将要踏进考场的孩子过多的压力的，所以关键就在于我们自己是否能够稳住阵脚，不慌不乱。

充足的睡眠是良好心态的保证，高考前一个月一定要保证睡眠充足，高考前一晚一定不要再看任何复习材料了，就大多数人的经验来看会越看越紧张，越看越没有自信。个人建议是，高考前一夜最好去公园里散散步，做做有氧运动，当然不要太累了，否则第二天很可能会没有精神；另外，也不要刻意睡得很早，还是保持平时的作息规律为好。我现在还很清晰地记得我高考前夜的安排，先是和同学一起去饭馆吃了一顿，然后逛了一会儿超市，最后去公园遛了一会儿，晚上将近 11 点时洗了澡之后便睡去了。同学之中可能普遍存在的现象是，"睡不着"或者是"很晚才能睡着"，这其实是同学自己给了自己一个强烈的心理暗示，即"明天就是高考了，今晚睡不着啊"。如果我们不给自己这样一个暗示，事实上不会存在睡不着的情形，所以同学们在高考前夜一定不要想着第二天高考的事，明天是明天，今晚先睡个好觉再说。

进考场之前就要调适好自己的心态，小小的紧张必然是会有的，比如上好几趟厕所啊，手会不自觉地发抖啊等等，这是很正常的，没有必要担心。考前我的建议是，不要再翻复习资料了，因为会加剧自己的紧张心理；最好的方式是和同学聊聊天，或者是看看报纸，或者一个人静静地做下深呼吸、眼保健操。

毋庸置疑，考试的心态是最重要的。在拿到考卷后，同学们可能会出现短暂的记忆空白，这时候千万不要慌乱，做一下深呼吸或者是揉揉你的太阳穴，闭目养神几分钟，自然会恢复正常状态的。我至今还很清晰地记得，我在第一场语文考试拿到试题卷后足足发呆了两分钟，大脑紧张得一片空白，在做了几次深呼吸和眼保健操后，终于恢复了平静。于是，在接下去的几门考试中，我都是先闭目冷静几分钟后才开始着手答题的，并且一边深呼吸一边对自己说："别紧张，没事的。"事实上，我们自己的心理暗示对心理变化会有很大的影响，这是一个保持头脑冷静的好方法。

大多数人进了高考考场之后会很紧张，我也不例外，虽然没到手发抖的程度，但是写的字确实不如平时好。这个时候就要有意识地自己平复自己的心绪，你可以在心里对自己说："没什么好紧张的，平静！平静！"多说几遍就会有效果了。如果你太紧张，不妨试试这种自我安抚的方法。

然后，考试还要遵循的一个原则就是"试卷简单不可大意粗心，试卷有难度也不可丧失信心"。当试卷简单时，做完之后要认真检查，你要想到对自己来说简单，对别人来说也简单，这时差别就在细节上，所以万不可扬扬得意，大意失"荆州"。当试卷有难度时，要勇于舍弃一些题，得到所有会做的题的分，不要心慌，越慌思绪就越乱，到最后就会失去信心，题目难了也不能破罐子破摔，一定要把会做的都搞定。

考场上，每个人都会有草稿纸，这确实是考试所必需的。但我们真正会用草稿纸吗？在我看来，学会合理高效地利用草稿纸是很必要的。这样做，不但可以帮助你解决试卷中的问题，还可以帮你节省时间，快速检查。下面我谈谈我是怎样写草稿的。

首先谈谈数学和理综的选填。按照正常顺序我会先做选填题，此时每道题的计算量并不是很大，但题目很多很碎。这时稿纸上还是空白的，所以我采用一栏一栏地写运算过程，而且每道题前面我都写上题号。运算时，方程和运算式都写得很整齐，而不是像很多同学那样写得龙飞凤舞。也许很多同学认为这样做是浪费时间，其实恰恰相反。我们要知道选择和填空题分值都很重，而且易错点很多，稍不留神就会掉入陷阱，所以需要我们格外地细心。在稿纸上认真写下思考和计算的主要过程，可以有效地提高我们的正确率，拿到选填的基础分。也只有先保证基础题的高正确率，才能谈得上取得最后的好成绩。同时，我们在检查时，根据已标的题号和计算过程，很容易检查出计算是否出错，错在哪里，避免重新计算。而如果写得很乱，在那种紧张的环境下，检查时根本理不出当初做题的头绪，这样就会自乱了阵脚，影响考场的发挥。

做数学和物理大题时，我并不着急往试卷上写答题过程，而是将主要过程先写在草稿纸上，大体写出主要过程，列出完整的计算式。如果是计算题，我会先算出一个答案，验证它的合理性。如果感觉合理了，才正式往试卷上写。写的过程是在原来草稿纸上列出的框架上往里填"肉"，如应列出的公式，应写出的文字表述，应写出的计算过程等等。在誊写的过程中要细心、要思考，检查整个思路和计算过程是否存在漏洞，这样等于你在做这道题时检查了两遍，保证了正确率的同时，还使卷面上写的计算过程干净整洁。让判卷老师一看就知道你有流畅的思路，从而在印象分中就已给了你满分。这样答出来的题不但能得高分，而且即使出现一些小错误，也不会被扣很多分。

做理综时，我倾向于将草稿纸分开用，分别留给三科的选择题。虽然我参加过化学竞赛，有着深厚的功底，但我依旧不会放松。我在做化学题时，会在草稿纸上写一个元素周期表。遇到元素推断题时，我直接在表中找答案。这样别人用十五分钟推断出来的题，我一般五六分钟就解决了。

其次，也是老生常谈的一点，在考场上要专注，不要为客观情况所左右。我有一个同学，在考试时看见旁边有一个人"哗哗"地翻卷子，以为他做得很快。而争强好胜的他，希望在他的优势学科上不输给任何人，所以也加快了答题速度。结果因为打乱了平时的做题安排，而且计算比较马虎，他在自己最强的学科上并没有拿到理想的成绩。这样的现象很普遍，我们应该吸取教训。在考场上学会专注于自己，专注于自己的试卷和自己的解题思想，从而将客观影响降低到最小，争取正常的发挥。

进入考场之后，你要如入无人之境，无视所有人的存在，只接受监考老师的声音。有些考生看见监考老师在看自己就会紧张，所以没事你就不要看监考老师，只要注意听他所说的就行了。如果你不幸坐入一个有不安分分子的考场，也不要被那些人所打扰，你只管做自己的题，他们自有监考老师去收拾。

最后，重要的一点就是涂答题卡要仔细，千万不能出现把考号涂错、把答案涂错位等低级错误。这还是一个紧张的问题。我第一场考试时一不留神把考号中的一个"1"涂成了"0"，幸好及时发现改了过来。高考中由于一时紧张而涂错的情况年年都有发生，所以你要认真检查答题卡，发现涂错以后也不要慌慌张张地改，因为说不定你一改又改错了。这时一定要镇定，确认无误以后再行改正。另外，也不要过分怀疑自己的涂卡能力，总是怀疑自己可能涂错了，这样对心境的负面影响很大。总之，涂卡要稳而有序。

　　以上就是我总结的经验，正是因为我做到了以上这些，我高考时才能超常发挥。如果考生都能保持这样的"考场状态"，我相信大家一定可以将自己的水平发挥到极致，取得骄人的成绩。

姓　　名：李宪平

名　　次：辽宁高考文科状元

院　　系：北京大学光华管理学院

毕业学校：朝阳市一中

人生格言：勇敢的人开凿自己的命运之路，每个人都是自己命运的开拓者。

高考成绩：656 分

小议高中数学学习

作为一个高中生，学习自然是第一要务。俗话说得好，"学好数理化，走遍天下都不怕"。虽然现在提倡全面发展，但是作为理科生，优秀的数理能力是必不可少的条件。而数理能力中，数学能力又是基础中的基础。下面就与大家分享一下我在数学学习中总结出来的一些可能对大家有益的方法和心得体会。

首先，我来谈一谈高中三年数学学习的策略。

高一学习的内容主要是集合及简易逻辑、函数、数列、三角函数和平面向量。高一的时候一定要把基础的知识点学得非常扎实，这样在以后两年的学习就会觉得倍加轻松。总结一下，高一学习的内容都是非常基础的内容，理解和熟练掌握对高二、高三以及总复习都会起到非常大的促进作用。

高二及以后的学习内容和高考的距离就越来越近了。先谈谈不等式的学习。高中课本上的不等式都是比较基本的不等式，同样，要做到熟练掌握，需要大量地练习。如果你还想学习更多的内容，就需要看一些课外的辅导书或者讲数学竞赛的书籍。这些内容对你的高考或者竞赛都是有一定好处的。

到了解析几何的学习，就需要加强综合题的练习。综合题的难度一开始你可能觉得很大，我当时学习时就有这种感觉，但是这是必须克服的，因为高考中有时解析几何的题目难度会比较大，常常出现在倒数第二题，需要比较长的考虑时间和计算时间。为了数学拿到140分以上，这道题在正常情况下是不应该丢分的（当然也有例外，比如这道题的难度很大，或者计算量很大）。为了达到这个目标，就应该大量练习这种综合题（我高三一直都保持着这种习惯），而且常用的方法及其应用条件也一定要记清楚。

排列组合就重在理解，理解排列和组合的区别，如果开始觉得抽象的话可以通过一些现实的例子来帮助理解，从现实入手就会有更好更深入的理解。理解以后就要重视应用了，因为这部分的内容与现实生活的联系是十分紧密的，常常出现在高考的选择和填空题中，如果对概念理解不深入或者对题意理解错误很容易出现错误。

当你学到了立体几何，可能会感到这部分的内容比较容易。在高考中立体几何经常有一道题出现在填空或选择中，还有一道在大题中（多出现在第三道），这些题都应该算是比较容易的，关键是运算的准确率和方法的合理性（有些利用建立坐标简单，有些用向量计算简单）。

学到概率的时候再次需要比较深刻的理解。计算也许不难，但是如果理解错误就会导致整个题的错误。这部分会用到以前学习的排列组合的知识，一定不要忘记。高考中也常出现一个小题和一个大题，大题的位置常在第二道，需要精确、快速地计算。

高三的最后你可能还会学到一些求导的知识。这些知识在高考中可能会联系函数出现在大题中，有时是计算的第一步，如果这一步做错了，这道题最后的结果正确基本就是一个小概率事件了。这部分的重难点在于复合函数的求导，需要一定的练习做保障，熟能生巧嘛。

这就是高中数学整个的学习思路，只是个人见解，希望能对你的学习起到绵薄之力。数学也是一门很需要积累的课程，这也就是我们口中经常提到的"功力"，如果你从高一到高二的数学基础学得都非常扎实，那么你离高考数学的成功就只剩高考总复习的一步之遥了。下面，我就以题型为纲，和大家分享一些高考数学冲刺复习的学习经验，相信这样会更有针对性，毕竟我们要面对的还是一场考试，应试能力是必不可少的。

一、选择题、填空题

选择题为四选一，一般考查概念的理解与辨析、定理与推论的应用、巧算与速算的方法。无数次模拟考试之后，我们发现几乎每次的选择题中都不会超过下列知识点：以定义域、值域、不等式为依托的对集合写法、基本运算的考查，利用特殊值点、对称轴、判别式对函数性质以及系数多项式进行考查，数列的运算（通项公式、等比求和、递推归纳），三角函数式的化简或三角函数图像的变换，平面向量的运算与垂直共线的判断，解析几何题目（变化形式较多），从几个有关立体几何的命题中选出一个或多个正确的，排列、组合的具体应用，期望、方差的计算与应用，复数的简单计算。

填空题则往往出现以下知识点：数列计算，排列、组合、二项式定理，三角函数化简与求值，图像解析，解析几何计算，简单几何体相关计算，有时也会出现较冷门的概念考查。在具体作答时，有以下几个小建议：

1. 对于简单的计算题目，建议用一种方法得出结果之后，迅速用另一种方法进行验算。如果没有其他方法，也可以按照原方法进行验算（注意不要受到前面一次计算的影响），还可以将结果代入原题推导某已知条件——总之要争取用最短的时间保证选择的正确性。这个过程不只避免了这一道题的丢分，更会增强答后面题目时的自信。

2. 阅读题干以及选项的时候，建议从句子的开头全神贯注地逐字读到句号为止，不放过任何一个细节，以免落入命题者精心挖设的陷阱。

3. 由于选择题的考查范围相对固定，命题者常常在题目的形式上做文章，进行引进某种闻所未闻的新型运算，或给出某条课本中没有的定理推论，甚至是用向量布下迷魂阵。审题的时候，我们要细心观察这种运算或定理的精髓所在，像学习课本上的概念、定理那样注意适用条件等细节。题目中给出的新信息，往往暗示了解题的突破口。把题中情境与新知识建立联系，题目便褪去了它华丽的外壳，其内在本质往往是我们熟悉的某类题型。只要我们的基本功过硬，兵来将挡，水来土掩，题目便可迎刃而解了。

4. 填空题在本质上与解答题相仿，只是没有对步骤的要求，这样一来，结果的书写便十分关键。正确的思路与方法可能因马虎的计算而功亏一篑，所以在答填空题时一定要保持注意力的高度集中。在审题时要注意"瞻前顾后"的原则——瞻前，看题目中是否有限制条件，是否会产生多个解抑或是舍去某个根；顾后，看空格后面有没有单位，不要写重，做到问什么答什么。

5. 选择、填空题的答案是一定要检查复核的。为此，建议目标高分的同学们在模拟考试中提升答题速度，力争留出 15～20 分钟复核选择与填空的结果。

二、解答题

解答题在考卷上显得十分壮观，精致的专用答题纸，大片的空白答题区，大有"气吞八方，包举宇内"之势。不过，解答题部分的保留曲目似乎一成不变：三角函数化简求值，概率统计期望方差的计算，立体几何的证明与计算，解析几何的证明与计算，数列的递推与数学归纳法的强强联合，以函数与导数为基础的压轴大题（在新课标省份还会有考查选修内容的大题）。这样一来，努力的方向就显得比较清晰。

三角函数、概率统计、立体几何常常是送分的题目，解析、数列、导数题目的第一问或前两问也往往颇为简单，真正需要我们下一番功夫、进行思维体操的总分值其实并不多。关于解答题，有以下一些建议：

1. 建议先在草纸上完成计算，不要拿来就写在答题纸上。高考的答题纸非常珍贵，所谓在考试时调换答题纸只有理论上的可能性，我们实际上没有犯错误的机会。高考机器阅卷特别要求卷面书写的工整与清晰，为此应该在草稿纸上进行思路梳理和细致计算之后再誊写到答题纸上。许多同学会遇到这样的情况：在考试的紧张状态下，草稿纸上的书写非常混乱，最后好不容易算出了结果，思路却早已湮没在无数散乱排列的数字与符号之中了。对此，建议大家在草稿纸上寻找思路时腾出一片比较大的空间，工整地（字不一定要多好看）进行演算，这样向卷纸上誊写时的思路更加清晰，心情也会愉悦许多。

2. 注意逻辑推理过程的严整性。同学们都浏览过高考的评分标准，要有意识地总结其中体现的不同题型的书写规范。大家也都知道，在答案解法的关键步骤后面，标明着相应的分值。在考试时要尽量避免跳步，以尽可能地覆盖到给分点，在得分的基础之上力争得到满分。即使未能完成题目，一些关键的步骤也会带来一些奖励的分数。

3. 在遇到比较缺乏思路的题目时，建议大家采取条件各个击破的方略。高考命题要经过重重审核，在很大程度上保证了它的规范性。因此，它不会像竞赛一样只给出一句话叙述的命题，而是有层次地给出一系列条件，这每个条件都有它存在的价值。拿过来一个条件，探索以它为因可以导出哪些"一手"结论，再寻找"一手"结论之间的联系来推导"二手"结论,这样步步为营,往往会有一些意想不到的收获。

4. 对于压轴题的态度(特别是最后一个小问):不要被自己过高的期望拖累。最后一个小问不过 4~6 分,前面的选择填空每个也是 5 分或 4 分,而技术含量显然后者要远远低于前者。在时间不是很充裕的情况下,收益更佳的选择是检查前面的小题。当然,如果时间很充裕,向压轴题冲刺当然是值得鼓励的。

平心而论,在高考的 6 门学科中,数学确实是最难的,要学好它所要下的功夫也是最多的,但是也正因为如此,数学的重要性可见一斑。攻下一门大家都知难而退的课程能拉开的分数比在胶着的语文、英语、综合里拉开的分数可是要多很多,正在高考复习的同学们,你说是不是呢?

姓　　名：黎玥

名　　次：贵州高考文科状元

院　　系：北京大学法学院

毕业学校：贵阳一中

人生格言：我坚信运气，而我发觉我越努力，运气就越好。

高考成绩：647 分 +20 分

"三位一体"的高考攻略

　　高考，对于那些曾为之奋斗的人来说，无疑是生命中一段最刻骨铭心的回忆。多年的汗水的浇灌，为的是在金秋收获那一片喜悦与富饶。作为一个刚刚走过高考的毕业生，往昔的每一个日子里都有着拼搏的泪水与欢笑，而这一切又是如此让人难以忘怀。在这里，谨以自己一路走过的经验献给大家，愿同学们可以走得更好。为了方便记忆，我把我的经验称之为"三位一体"的高考攻略，这就是平静的心态、努力的学习和规律的生活。

　　"三位一体"之一：保持平静的心态

　　高三课业繁重，考试频繁，每一次考试的成绩都刺激着我们的神经，压力自然很人，但如果太关注结果，反而会背上沉重的包袱。也许你有很明确的目标，但不要时时测量与它的距离，这样才能保持激情地前进。特别是最后 100 天，这时不能再一直盯着目标看了，只看奋斗过程，时刻记得"我尽力了我就不后悔"！不要因为考试的失败、时间的有限就自暴自弃，更不要因为上次考试考砸了，就不停地告诉自己"这次我一定要考好"，这样压力太大反而会有反效果。

高三时，我的目标是人大，能考上北大其实我自己也没想到。我一直觉得我成功的关键就在于始终保持平和的心态，每次考试我都告诉自己，只要尽自己最大的努力即可。考完试，看到不甚满意的卷子，一阵悲叹之后，我会分析，我有没有尽全力去做。如果已经尽力，我就无须郁闷难过，就像王安石所说"尽吾志也而不能至者，可以无悔矣，其孰能讥之乎"。我无悔于心，何须自寻烦恼？正因为这样的心态，在一次次的挫败后，我始终保持热情，从未丧失过勇气和信心。

还有，不要总和别人比。有些同学看别人做了那么多题，自己没做，就感到懊恼郁闷、心烦意乱；看到别人从早学到晚，自己又玩了，更是后悔，带着负罪感烦躁地开始学习。这样的学习自然效率低，陷入了恶性循环。这些都曾是我高三时遇到的严重的问题。我总是跟别人比，自己给自己找压力，经常被压得喘不过气。意识到这一点之后，我一面给自己解压，用"做题多少不与成绩成正比""要劳逸结合啊"劝告自己，一面强迫自己不去看别人而只专注自己的计划，只要完成了自己的计划，就绝不会比别人差！事实证明我是正确的，自己制订的计划才是最适合自己的，盲目地追随别人很难让自己有所提高。

在考场上，一个良好的心态决定着临场发挥的效果。我高考时文科综合没有做完，当我意识到我不可能做完时，我没有手忙脚乱，没有慌张，而是保持冷静的头脑，平静地做下去。我告诉自己："我已经尽力了，我不会后悔！"高考的两天，我一直笑得灿烂，因为我已经尽力了！

考前不给自己定目标，不给自己施压，轻松地进入考场。考试期间尽量让自己兴奋起来："做完语文，没什么感觉，那就说明做得非常好，所以放心笑吧，数学好好考！数学考完，一道题没做完。嗯，很正常，我前面都对了！更何况我最后还改对了一道 5 分的选择题呢（事实上我是改错了）。考完文科综合，感觉不是很好，没事，要相信自己的准确率，肯定不会拉分的。英语是强项，加油吧，胜利在前方！"这就是我高考期间想的，不断地自我鼓励让我在考试期间都非常兴奋和自信，也让我因此发挥得很好，取得了好成绩。

"三位一体"之二：坚持努力的学习

成功是 99% 的汗水加上 1% 的天分。我们还需付出相应的努力，才能登上心中的高楼。

首先要合理配置自己的时间，如果能够做到，便已经成功一半了。我的方法是准备一个小册子，在上面明晰地写出自己一天的安排，如今天预计完成几张卷子等相对基础的安排。我还喜欢将一些相对"虚"一点的东西列为一天的任务，如今天需要提高自己心静的能力，今天应更灵活地运用数学化归的思想等。我不赞同把任务写得太多，这样容易导致每个任务完成的质量不高，同时也会带来很大的压力导致心情浮躁。最好能给自己留下一部分时间用来思考，可以想想自己哪些学习方式需要改正，接下来的路应该如何去走，这能让我们更好地从宏观上进行学习。

学习知识需要记与练，这是基础。提到基础，很多人都会皱皱眉头，因为打基础往往是最枯燥的事。但是若一个摩天大楼没有地基，又安能屹立于天地之间？

记忆对于文科尤为重要，要乖乖地背书，但是这个"乖乖"并不是"笨"的同义词。首先要认真地把某一章的内容从头到尾看一遍，然后合上书在草稿纸上写下这一章的框架图，并在心中默念框架图中每个分支的内容。比如《辛亥革命》这一章，我就在纸上写下：辛亥革命的背景、经过、意义、失败原因与教训，然后在心里默念相关内容。我称之为"框架式记忆法"。

练题不等于实施题海战术。我比较倾向于深挖某个例题，以点盖面，从一个题中挖出一整类题的解题方法。每个高三学生都应该有个错题本，错题本是题目的精华。错题本上不单要写错题，还要写下你的感悟以及这类题的变式。以周或月为周期回顾错题，将它深深刻在脑海里。

很多同学在进入高三后觉得科目太多，不知道怎么平衡各科学习的时间，我也遇到过相同的问题。我认为我们的策略应该是"突击薄弱，保住优势"。对自己薄弱的学科，我们应该投入较多的精力。要知道，决定一个木桶容量的不是最长的那块木板，而是最短的那块。优势学科的增长空间远不如薄弱学科。如果过了一段时间你发觉优势学科的优势没有以前那么明显，再奋起补上也不会太晚，因为你毕竟有实力在那里。

"三位一体"之三：养成规律的生活

高考是一项需要全力以赴的活动。要在高考中取得好成绩，规律而有效的生活是必不可少的。接下来就和大家具体分享一下我高考前的日常时间安排。

我一般清晨6点半起床，在7点15分前赶到学校参加早自修。45分钟的时间包括了洗漱、早餐以及路上交通时间，我一贯采用的方式是在路上一边吃早餐一边听当日新闻或者英语听力材料，不要求精神高度集中，不需要听清楚每一个单词，只是单纯为了更好地利用上学路上的时间，同时也避免早上太累导致上课瞌睡。上午的课间我总会吃一些水果，一是防止中饭前肚子饿影响听课效率，二也可以说是补充维生素增强抵抗力。高考在 6 月，可在平时不大容易感冒的 5 月，学生因感冒请假的情况并不罕见。可见，在高压高强的学习下，保持身体健康的重要性。

中午下课我并不急着去吃饭，因为高峰期食堂人多拥挤。利用这个时间向还在教室的老师请教一些自己今天课上或昨晚作业中遇到的疑点、难点不失为一个良好的选择。吃过午饭，我习惯与好朋友在校园里晃一晃，放松一下，同时顺便交流一下昨晚自己看到的比较有分享价值的新闻材料。之后回教室，一些同学倾向于完成小部分上午习题，但我个人更习惯于趴在桌上小憩一会儿，确保下午的最佳精神状态。

下午放学，在回家的路上，"放电影"是我最喜欢的方式。所谓放电影，是将白天课上的基本内容，自己新掌握的知识、新纠正的误区以电影的方式在脑海里再次呈现。每节课 40 分钟，一天很多节课，这时留在脑海里的、能回忆起来的才是你真正掌握了的，真正属于你的。如果能顺便安排一下晚上做作业的先后顺序，注意文理、难易的交错搭配，这也是不错的选择。

晚饭后，我习惯花半个小时浏览当天的报纸，保持思想的新鲜度。我会和好朋友进行分工合作，两人看不同的报纸，然后第二天相互交流，许多练习题、模拟题我们也采用这种方式，可以说是事半功倍。高考永远不是一个人的战斗，学会合作、学会分享或许是高考教会我们的一项很重要的技能。晚上做作业的时间相对较长，中途我会简单运动一下，让自己稍稍出点汗。晚上 10 点我一般就开始收拾书包整理明天的东西，同时仔细分析一下今晚我做作业的收获是什么，要清楚每份作业的价值，这也为明天的作业时间安排做了铺垫。晚上10点半是我雷打不动的睡觉时间。有学长告诉我在高三坚持这样早睡的习惯是不可行的，我也的确遇到过老师布置的作业习题完不成的情况，但学海无涯，题海无尽，我相信在保持白天的高效课堂学习再加上晚上自主的、有计划的、有针对性的个人练习后，从某种角度而言，多做少做几道题，差别真的不大。

大大小小的假期，是一段难得的自主支配的时间。系统复习，夯实基础，做好知识上的准备；放松心情，调节情绪，做好心理上的准备，这都是明智的选择。

要知道，高考不是人生的终点，更不是人生的全部，只要我们曾经努力过，并且竭尽自己的全部力量，那么，结果不是那么重要。人生需要一种波澜不惊的心态，也唯有如此，我们才能在今后的道路上越走越远。

姓　　名：柴雅楠

名　　次：山东高考文科状元

院　　系：北京大学光华管理学院

毕业学校：平度一中

人生格言：青春是美妙的，挥霍青春就是犯罪。

高考成绩：688 分

燕园之路上成功的点滴经验

时间真是匆匆，转眼又是一年高考将至。我来到美丽的燕园将近半年了，在这一段时间中，真正感受到了名校的魅力，不管如何，它都应是我们每一个学子追求的方向。同时我深深感激我的高中生活，尤其是高三，它让我明白最美的风景都在峰顶，但必定要付出艰辛和忍耐。人生就是因为不断的奋斗而精彩无限！

在备战高考的日子里，我知道大家都带着美丽的青春誓言在为梦想做最后的冲刺。在此，我乐意和正在孜孜以求的同学们分享我的备战经验和感受，在圆梦的途中，我们相携而行。

一、树立明确的目标

很多同学刚进高三的时候豪情万丈，到了最后反倒失去了学习的热情，不是因为他累了、倦了、学不动了，更多的是因为他没有目标，自然也不知道想要达到某种程度需要付出多大的努力。没有目标的人学习起来，像一头拉磨的驴子，永远不知道除了磨盘一圈之外，还有多宽广的世界。树立明确而现实的目标，可以在自己的心中点一盏明灯，无论眼前是荆棘丛生还是波涛汹涌，它永远为你照亮前行的道路。考前最后100天，我经常和老师交流，在老师的指导下给自己定下三所大学：一所是稍高于自己水平，如果考场发挥超常说不定可以达到的学校；一所按照目前情况稳扎稳打就一定可以去的学校；还有一所保底学校。有了这三所学校作为自己的目标，学得起劲时，便告诉自己要朝最好的学校努力；学得劳累时，便劝自己脚踏实地，至少要达到第二个目标；学得浮躁时，便要自己静下心来，不要连最后一个机会都抓不住。在这些目标的鼓励和推动下，我没有中途放弃希望，最终实现了自己的梦想。其实，我们每个人无论什么时候，都要有一个目标，也给自己一个奋斗的理由。

二、学习是生活的一部分，而不是生活的全部

学习只有在融入了运动和乐趣之后才能达到完美的融合。我们在学习中总会有不顺心的时候，如何消除这种消极的心态便是至关重要的，这将直接影响到学习的状态。所以，如果感到疲惫或是力不从心了，可以尝试着去放松一下，听听音乐，绕操场跑两圈，和同学谈谈心，都是一些很不错的选择。可以谈论今天上课老师讲过的题，可以讨论最近学习有什么收获，或者描述自己对未来的憧憬，比如想考什么大学，以后想干什么，等等。通过对这些的谈论，既能够放松心情，又能和同学进行感情上的交流和建设。这样也能够让自己随时处于愉快的精神状态中。

此外，如果学习上遇到了什么困难，一定要及时向老师反映。老师毕竟经验比我们丰富，而且会尽全力来帮助我们。遇到了难题想不明白时，一定要立即去向老师或者同学请教，不要让不懂的问题越积越多，最终造成知识点上的致命缺陷。

如果在生活上遇到什么困境，或者感到疲惫、受挫、失望时，则不妨将烦心的事向家长倾诉，父母一定会尽全力来排解我们心中的烦恼。因为父母是我们在世界上最坚强的后盾，他们永远都希望我们好，而且为了我们可以倾尽所有。

三、合理地安排各科学习的时间

自己认为比较好的科目，可以少花点时间，感觉自己还不满意的学科就多花点时间、多花点精力。就拿我自己来说吧，由于物理、化学两科原来学得比较好，所以在这两科上花的时间比其他学科少很多。该做的作业做完后，就再做一些高考真题练练手。当然如果我发觉这几科出现问题时，就马上调整一下，多花点时间。

对于我比较弱的学科，比如说英语、语文，我会用比以往更多的时间来学习。每天在完成作业、试题之外，还会花很多时间来复习巩固，整理错题。特别是英语，我每天早上都会花一到两个小时来背单词、复习语法，晚上还会花一到两个小时用来巩固白天所学的知识点、所背的单词。语文也是利用早上时间背知识点，背完之后做相应练习题，晚上再巩固知识点。每天晚上还有一件事是我必做的，那就是背名言或小故事。由于我的语文作文较差，语文老师建议我每天看一些好的写作素材来增加我的素材储备。我觉得这个建议是很有效的，正所谓"读书破万卷，下笔如有神"。学习写作的最好方法就是多阅读、多动笔。

其次，要保证足够的休息时间。考前100天，我的作息时间很稳定，每天都是晚上11点睡觉，早上5点半起床，中午也会有一个小时左右的午休时间。不管是假期还是正常上课时间都是这样。我觉得不管学习多么紧张，都不能侵占自己的休息时间。很多同学都会忽视午休时间，我觉得如果不午休，下午学习的时候很容易犯困，学习效率会明显下降。

四、正确对待考试成绩

考试成绩好坏是最刺激每一位学子的。敏感的心灵有时真不知怎么去面对那鲜红的数字。我也考砸过，知道那滋味很不好受。首先，每一次考试，不论大小，都要做好准备，因为有了准备就不会怕，机会总是属于有准备的人。其次，考试前要心平气和，为自己加油鼓劲。我记得每一次考试时，我都在草稿纸上写下"心静如水""你可以做到""快乐考试""坚持、加油"等安慰、鼓励自己。最后一点，也是最重要的，那就是每次考试后该如何对待试卷和成绩。越到最后越要认识到这一点，分数对你而言已经没有多大意义了，关键是从考试中得到什么。考前的各地信息试题含金量是相当高的，水准也最接近高考试题，所以一定要认真对待。要灵敏地从试题中嗅到高考方向的气息，也就是自己要去"猜"题，再结合老师的分析，自己去把握可能的出题方式、类型、内容，以便于高效复习。还需要做好的一个工作就是估分，这个问题大家一般都会忽略，但这也是非常重要的。四月份开始就要做这个工作，训练估分的准确度，事实证明这是很有效的。高考时，我的估分与实际考分只有两分之差，这为我填报志愿提供了很好的参考数据。高考只有一次，也许你的成绩不是最好的，但没有绝对的优秀，只有无止境的完善！

五、多与同学、老师交流

一方面，学习上出现问题，要积极和同学讨论，询问老师。和同学一起讨论难题，分享解题经验，澄清知识疑点，能达到事半功倍的效果。现在还很怀念高三时我和同桌还有前桌互相讨论问题、互相推荐好题的时光，用一个人的时间就做了三个人的精题，大大提高了效率。当然，碰到问题，更要向老师询问，老师有多年的教学经验，讲题会更突出重点，思路会更清晰，而且还会顺便帮你找出同类题做比较，更容易总结出规律来。通过与老师、同学的交流，你会更快地得到提高。

另一方面，遇到困难，觉得郁闷无法排遣时，也可以找同学诉说。一个人的痛苦，两个人分担，痛苦就会减半。为成绩伤心难过，

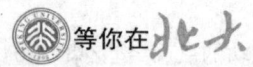
为未来担忧时，能有人诉苦，潮湿的心也能变得暖洋洋。觉得难过就说出来吧，在同学的关怀中擦干眼泪重新上路，有大家的支持，相信你会走得更坚实，更自信！

回想我的高三，痛并快乐着。每天"三点一线"的生活，每天满满的任务，却又有每天一点点的进步。每天经历失望与沮丧，却又在每天重新找到崛起的力量。高三会有厚厚的尘埃，它弥漫在空气中，遮挡着前方的路，但是只要用尽自己一切努力去体验高三，相信你也会在尘埃中开出最明媚的花。

我从未想到过自己能来燕园，燕园在我心中是个遥远的梦。可是当我沿着自己选择的路走下去时，我却和燕园相遇了。我在燕园，等你来和我一起体验"一塔湖图"的美丽景色！

姓　　名： 李　晴

院　　系： 北京大学信息科学技术学院

毕业学校： 北京市平谷中学

人生格言： 我命由我不由天。

高考成绩： 645 分

平凡地追求不平凡的梦

我想，我终究还是很平凡的人，只是，我并没有放弃追求不平凡梦想的信念。所以，今天的我，能够在燕园闲看"红楼飞雪，一时英杰"。

一、从来没有所谓天定的命运，只要你选择了正确的那条路

喜欢李白，喜欢他落魄时仍会边饮酒边放歌"天生我材必有用"，喜欢他寂寞时仍会舞剑自赏、邀明月与清风为伴，喜欢他永不言败，喜欢他恣意张扬，喜欢他从始至终相信自己，不畏失败。

所以，我也从不相信有所谓"天定的命运"。

听说过那个有关命运的寓言吗？张开你的手掌，人们常说的生命线、智慧线、姻缘线都脉络清晰地呈现在你的面前。那么，就请毫不犹豫地攥紧你的手吧，所谓命运，不就被你紧紧地握在手中了吗？

小沈阳说，"人的一生跟睡觉是一样一样的"，但那个只是玩笑话，真正的人生，尤其是高品质的人生，在我看来更像是一场赛跑，一场没有对手、没有裁判甚至你都不知道自己离终点还有多远的赛跑。我们所能够做的只有朝着既定的目标发足狂奔。

这大概是高三学子的普遍心情吧，但问题是，你所拥有的目标真的适合吗？

如果只是鲁莽地朝着一个不适合的目标奔跑，那么你做的只是无用功。每年高考都有因为志愿没报好而留下遗憾的学生，不是吗？对此，我的经验是：要以模拟考试为参考，但不要以模拟考试成绩为参考。

这话可能说得不是很明白，我来解释一下。

因为平时老师会强调模拟考试成绩对填报高考志愿的重要性，使得许多同学在报考时太依赖于模拟成绩，但我们要了解，模拟考试毕竟不是高考，所处环境不一样，出题老师不一样，自己对考试的准备情况也不一样，诸多因素就会造成成绩的不一样。就像2009年我参加的北京高考，理综题和做过的模拟题思路有较明显的不一样。所以，不要以模拟考试成绩为参考。

那么，什么是以模拟考试为参考呢？这就需要我们对自己平时的学习情况有相当深刻的了解，要学会分析试卷，给自己的错误分类，看看哪些是马虎的错误，哪些是知识型的漏洞，哪些是思维方式的不全面，哪些错误能够在高考考场上避免，哪些可以减少，哪些就选择放弃了，等等。最后根据自己的分析，得出这份试卷的理想分数，基本上就可以拿来当作报考依据了。

真正找到适合自己的目标之后，就要全力以赴了，要相信自己，这样才能"将梦想照进现实"，圆自己的高考之梦。

二、优美的文字，那是先祖智慧的结晶

"风雨打尽红墙和绿瓦，丹青留下明日的黄花。汉字里墨香温存的一笔一画，世代传承的表达。盛衰荣辱斑驳了脸颊，千载过后洗净了铅华。一直坚守的土壤在你脚下，至死不渝的回答……"

也许真是如歌中唱的那样，对文字和中国文化的喜爱是来自血脉深处的世代传承，自小我就对文字和写作有着由衷的热爱。但是，毫不夸张地说，语文作文对许多考生尤其是理科生来说，是一个致命的劣势。

怎样才能提高作文水平呢？我的经验是：享受写作。

享受写作，就是要爱上自己所写的一字一句，要倾注一切的感情，要先打动自己才能打动别人。

有人说，理科生太死板，写文章也只能是议论说明，连写记叙文也是干巴巴的没感情。可是，有谁规定议论文不能有感情？有谁规定理科生不能写好作文？

议论议论，议论的不是人就是事，那么我们要做的就是彻底地了解这个人或者这件事，了解主人公的性格秉性以及生平信仰，了解这件事的起因结果还有社会反响，真正地对这个人或者这件事产生感情，这样再下笔，就会如有神助、文采飞扬了。

我的经验是在高三这一年，抽时间选择自己有兴趣的两到三个人，相信了解这个人的生平，看一些评论这个人的文章，得出自己的看法，这样再加上平时的积累，高考作文就不是什么难题了。

三、调整心态，凛然挥剑决浮云

这世上从没有完美的人，即便是走在燕园中的骄子们，都或多或少有不尽如人意的地方，所以就不要去苛求每一件事，不要去追求每一分。那样做，只是浪费时间罢了。

有人说"高考就是千军万马过独木桥""高考是一场没有硝烟的战争"，但在我看来，高考并没有那么可怕，虽然我也曾有过迷茫和畏惧，但是此刻回眸，我想，高考更像是一块炼金石，检验的并不仅仅是一个人的知识储备，更是一个人的应变能力、心理素质和意志品质。

可能有人不同意我的观点，但是，我的的确确亲历了那个过程。

高考前我们有两次正式的全市统一的模拟考试。说出来你可能不信，第一次模拟考试，我只考了540分，第二次也仅仅是597分，以这样的成绩，我怎么可能考上北大？而临高考还有一个月的时候，我又病了，扁桃体发炎、智齿发炎，整整两个星期，我只能靠流食为生。这样的状况，我怎么敢报考北大，又怎么能考上北大？

说到这儿，我真的要感谢我的父母和我的班主任。

我的父母都是老师，他们开明大度，特别能理解我。我跟他们之间没有通常意义上的所谓"代沟"。二模后我的病说到底还是急火攻心，爸妈却似乎不担心我的考试，他们说"只要你身体好好的，考上哪儿都行"。爸妈细心地照料我的身体，身为心理老师的妈妈更是与我谈心交流。如果没有我的父母，我想，我走不出模拟考试失利的阴影。

而我的班主任老师，更是简单地对我说："我相信你，回家好好休息吧，高考场上胜利的还会是你。"是的，就是这一句话，让我找回了自我，为什么不放手一搏呢，我一定可以做到的。

是的，我做到了，不管高考有多么的可怕，我用自信、坚定的信念和平和的心态走过了高考，走进了燕园，走到了我的梦中……

在进入燕园三个月后回眸我的高三生活，不由得心生感激，感激那时父母的帮助、老师的教诲、同窗的友爱，更感谢那时的我对前景的虔诚而执着的爱。是的，今天平凡的我能够在雪后的燕园，踏出我自己独一无二的不平凡的足迹。

真心希望更多优秀的学子来到北大，让我们共赏燕园美景。

姓　　名：郑　杰
院　　系：北京大学法学院
毕业学校：天津南开中学
人生格言：天道酬勤！
高考成绩：651 分（不含加分）

破晓之前

高考早已尘埃落定，回想起当初的那段日子，感觉恍如隔世。

高考，对还未曾经历过的孩子而言，是恐怖高压的地狱，是被无数人妖魔化的怪兽，让人惴惴不安却又无法逃避。然而，对于我这个经历过的人来说，高考，这轻轻的两个音节，意味着奋斗、充实、幸福，以及深深的怀念。

那么，就请允许我在这里谈一谈我的高考吧，希望对学弟学妹们能有所帮助。

实事求是地说，我从来没觉得高考很累很辛苦，但忙碌还是有的。记得高三一年，每天卷子都如雪花般翩然飞下，桌子上永远都铺满着白花花的卷子，考试每天都有，对成绩既麻木又在意。但是，即使忙到天翻地覆，也要抓紧一切时间看书，一遍一遍地看书，决不能偷懒，更不能觉得看书无所谓。我是文科生，因此对教材的熟悉程度愈发显得重要。大家到了高三，会突然发现自己能支配的时间越来越少，考试、作业、补课把时间占得满满的，但是即使这样，只要有心，还是能找出时间看书的。我觉得，可以少做一些习题，少看一些教参，甚至少做点卷子，也要拿时间出来看书，可以用大段的时间来整体过书，也可以利用课间等零碎的时间来慢慢看，可以把看完一本书的时间拖得稍长一点，但最好不要超过一个礼拜。以我的经验，在高考前至少要做到把书看过五遍以上，要对书足够地熟悉，检验你的熟悉程度可以用这种方法：一个人静下来，开始回忆书的结构、章节、内容，如果在头脑中能形成那本书，基本上就可以了。记忆是会减退的，所以要重复刺激，每隔一段时间要再看一次，这样你坐在考场里的时候，才会波澜不惊、沉稳不迫。

说完了看书，再来说一下做题的经验。我一贯坚持，题不用多，少而精最好。当然，要只挑精题来做很难实现，因为我们也不知道到底哪些是好题，哪些最重要，所以有精力和时间的话尽量多做点题总是没坏处的。然而，很多人都有的一个误区，做题不是做过了就可以了，更重要的是要总结，把做过的题认认真真地总结一遍。我是把所有做过的错题都总结在本子上，以后就只看这些错题，把题目的精华吸收，那么做题的目的也就达到了，只做不看的效果往往不佳。双休日或者假期的时候，要再把这些错题总结一遍，分成专题把同类的题目总结到一起，同时强化记忆。我一共做了三次总结工作，平时有空就会看这些自己总结的东西，考前更是主要的复习材料，这些东西都是需要平时一点一点积累的，总结一张卷子不会花很多时间，但是收获的确非常大。所以，很诚恳地希望大家都能这样做，我相信一定会有好效果的。

还有一个学习经验就是问问题了。我不知道其他人是不是这样，但我是很喜欢问问题的人。我有一个让老师很欣赏的习惯，我会把要问的问题专门记在一个小本子上。有一个问题就跑去问很耽误时间，也很麻烦老师，所以会先把问题记下来，累积到一定数量就和老师约好时间，一次性解决。问问题的流程是这样：做题或看书中发现自己不懂的问题，就把要问的东西记下来，然后和同学们讨论，一般同学之间都比较了解各自的强项科目，所以要多和同学们探讨，互相学习是很重要的。如果同学之间的讨论不能解决或是想听一下老师思路的话，就去找老师询问。把问题解决之后就是总结了，因为这问题一定是你知识体系的一个盲点，所以是非常珍贵的，一定要总结下来，以后多看几次，这对我们知识体系的完善是极其重要的。随着复习的深入，会出现会的东西更会，不会的内容越来越少，所以每发现一个盲点都是很不容易的，要珍惜，更要及时补上知识的漏洞。

还有要提醒学弟学妹的是，不要盲目相信冲刺，更不要寄希望于短时间的突击冲刺，高考前两个星期的自由温课时间，我还是在做这些总结，看以前的错题集，并没有疯狂背书做题，希望大家树立这样一种想法，细水长流好过临阵磨刀。

以上是关于学习的一点建议，希望能对学弟学妹们有点帮助，接下来再分享一下备考期间的小经验吧。

最重要的莫过于照顾好自己的身体，身体绝对是高考的本钱。在备考期间生病绝对是个悲剧，损失往往很难挽回，而且很容易影响心情，引起情绪波动。一个人心乱了浮躁了怎么可能安心念书呢？所以，强烈建议大家，保重身体，最好不要熬夜，实在没有必要，也不要翘体育课，珍惜锻炼的时间，好好放松身心，毕竟磨刀不误砍柴工嘛。

除了身体健康，还要注意自己的心理健康。对每个人来说，高考的压力不言而喻。面对一天天临近的高考，面对可怕的倒计时，面对身边同学的强大竞争力和老师父母的殷切希望，压力真的很大。但成功的人，绝对不能被压力打败，我们要学会释放压力，调节情绪。感觉压抑的时候，大声喊出来，大声唱歌，找朋友、老师、父母倾诉，

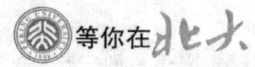

多吃点好东西，或者对自己好一点儿，看场电影、打打游戏，都可以释放压力。记得我当初每隔一段时间就会陷入心情低谷，不想念书、不想上课，那时候我就会出去吃顿大餐、看场电影，再不行就找个没人的地方大哭一场，哭过了重新开始，没什么大不了的。要一直保持平稳的心态不是每个人都能做到的，心情有起伏是很正常的，没必要太担心，老师、家长也不用表现得太过关切和忧虑，我个人觉得这样反而会让小孩产生负罪感，只要顺其自然就好，坏情绪就像水流，因势利导就可以解决，不用太过紧张。拥有良好沉静的心态，才能走得更远，我相信每个人都是可以的。

　　高考前的日子就仿佛黎明前的夜，黑暗而又丰富美丽，我想对每一个认真备考的孩子们说：加油，天，就要亮了。

姓　　名：邹亚琦
院　　系：北京大学社会学系
毕业学校：西北工业大学附属中学
人生格言：人生如同钓鱼，每次抛出去的钩并不见得都有收获，但心中要永远寄予希望，经得起鱼漂的上下沉浮，把握好手中的这根鱼竿，笑对每一次得失。
高考成绩：641 分

往事并不如烟

忆起高三，有泪水，有苦闷，有迷茫，有彷徨，似乎痛苦便是高三的全部记忆。于是，每一个处在高三时期的我们，总会盼望，盼望着高考的来临、结束，盼望着高三黑色的记忆如烟般消失在昨日。但当你真正经历过，回首，往事并不如烟，它会成为你人生的一部分，陪伴你度过以后黑暗的日子，时时准备着给你勇气。

高三，背后隐藏的是高考，是看似决定人生的重要转折点。人人都期望有一个美好的明天，人人都希望在高考中取得一个令自己满意的结果。高三背负的是我们对未来的期待，甚至是我们的人生，于是，高三愈显沉重。但是，千万不要让这种沉重压倒了自己，如果我们烦扰缠身、沉重不已，我们如何等待轻舟过万重山？所以，一定要学会调整心态，学会静下心来，无论名次，无论成绩。

谈及心态，着实很难把握，我也不敢说自己一直都处在一个很好的心态里，这恐怕连圣人都实难做到。但是，我们应该尽力去调节，去给自己一个良好的心理暗示。模考之后的失利，是每一个高三学生都会经历的现实，这时就要学会调整自己。每一次模考都是接近高考的一步，问题暴露得越多，就越有助于在高考前查漏补缺。但我不能说通过失利找到缺漏时你应感到庆幸，我只能说失利证明你还不够优秀，你还有空间变得更加优秀。永远不要认为某次小测验或模拟考试可以决定以后的结果，哪一次都没有这种力量，甚至高考本身，它都是人生中的一次选择，不是最终的选择。所以，不要把测验、模考看得那么重，偶尔的成绩波动也是正常的，学会从长远的角度看待自己，永远给自己下一次会更好的信念。当然，这也不意味着可以将每次考试当作儿戏，不认真对待。如果连考试失利后那点懊悔、难过的心情都没有的话，也就没有了前进拼搏的勇气。所以，学会给自己空间，不让难过的心情停在自己的心中挥之不散，要做的是想办法让自己变强，跌倒过后要想着如何让自己爬起。

在面对比自己强大的人时，不要怀疑自己的能力，不要觉得自己永远不如人。就好像跑步一样，跟着跑得快的人，你会在不知不觉中被他带着越跑越快，后来取得的进步将是你独自一人无法完成的。要坦然地对待所谓的名次，那都是暂时的，不到最后谁都无法预测最后的王者。即使无法在最后成王，你也已然不会再是原来的那个庸庸之辈，距离起点走了这么远，还有什么好抱怨的呢？所以，学会感激周围的劲敌吧，是他们让你变得更加坚强，是他们让你懂得避免错误，是他们把你变得更加强大而有实力。

学习要有毅力和耐力。大家在最初都是站在同一起跑线上的，即便是到了高三，人与人之间也不会相去甚远。至于谁能在终点赢得漂亮，关键在毅力和耐力。我的老师常说我们必须得拥有强大的意志和品质。如果数学是弱项，就要持之以恒地练，等你有了积累，你会发现所有的问题将不再是问题。关键是你能不能坚持，你是不是能静下心来，专注地完成一件事情，哪怕只是改错这样的最基本的事情。如果你拥有足够的毅力和耐力，你认真对待每一次改错，记住每一个让你跌倒的绊脚石，你积累起来的经验将是最优秀的人也无法传授给你的，因为它们是你自己的经验，有了它们，你将不会再跌倒，你的路将会越走越顺。要拥有毅力与耐力，这一句话说起来容易，但践行起来实属不易，但渴望成功的你，应该具备这样的勇气，去迎接一些挑战，去给自己的未来增添一些重要的筹码。

每一个人都应该有理想，它在你痛苦时会给你安慰，在你迷茫时能给你信仰。这样，在往前的道路上，你才不会迷失自我。这个理想不一定要很伟大、很长远，因为高三很沉重，高考很沉重，我们负担不起更重的梦想，但只要是理想就会给你一个前进的方向，有了这个方向，你才会心中有数，你才知道你人生的这一段旅程将要在哪里小憩。但是，我们不是神，无法控制结局的悲欢，无法决定成王败寇的人选。我们要学会面对结果。努力不一定总会有收获，但不努力就一定不会有收获，无法决定结果，就让过程精彩，做到无愧于心，不让自己在将来才悔不该当初。只要自己尽力，结果是什么都欣然接受。天空没有留下痕迹，但我已经飞过。有了这样的心态，就不会因为对结果期待不已而诚惶诚恐，会平静下来专注地做事，如此一来，结果多半会是情理之中甚至是出乎意料的。所以，"不顾后果"地朝着自己的理想努力吧。

提起高三，总能想到那些做不完的习题、考不完的试，独自于深夜里挑灯夜战，面对的是一日又一日的重复，想要挣扎却无力，想要反抗却不能。如果说这就是高三，它是真实的、痛苦的，但又是不完全的。高三还有痛苦并快乐着的那种幸福。问一问走过高三的人，他们最怀念的莫过于铆足劲儿学习的那股拼劲，莫过于披星戴月的那种坚韧，莫过于高三赋予的坚强。或许正在高三拼搏的同学不会认同这样的说法，巴不得它赶快过去，永远不愿再忆起。但请你珍惜这样的

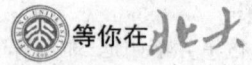

日子吧，等你走过这一段艰苦的时光，你获得的将不只是光明，还有于你来说一辈子都异常珍贵的执着、拼搏、勇气、毅力。那时，你会想起彼时年少的点点滴滴，那些最初你想久久遗忘的东西，竟是你最珍视的、最不能忘怀的；那时，你会知道，往事并不如烟。

姓　　名：吕笑非
院　　系：北京大学信息科学技术学院
毕业学校：河北省昌黎一中
人生格言：慎择无返，倾力无悔！
高考成绩：678 分

在拼搏的日子里

高三，也曾是别人传说中的炼狱，让我们听得胆战心惊；

高三，也曾是水一样流过的日子，只因忙碌而显得平静；

高三，也曾是压力和紧张的交织，考验着所有人的坚强。

而如今，当我走过高考，回首那段奋斗的岁月，心中却泛着些许留恋。梦想早已为追梦的路镀上了一层金色的光辉，那些曾经挥洒过的青春的汗水，那些曾经的泪与笑、失望与坚持，那些一起拼搏的身影……一切的一切都已经深深地印刻在我的记忆里，并成为我一生最宝贵的珍藏。

看着那些还在高考的战场上，为自己梦想的未来拼搏努力的学弟学妹们，我仿佛就看到了曾经的我，不由得想把心中的千言万语都倾泻出来。也许这些算不上什么经验，只是我一路走来一点小小的感悟和体会，愿与学弟学妹们分享一下。微言冀益，若能对学弟学妹们有所帮助的话，也就圆了我的心愿。

一、平常之心看高考

其实，高考并不像很多人想象的那样可怕，完全可以"等闲视之"。以一颗平常心面对高考，会让我们卸去很多压力和紧张的情绪，轻松上阵，往往会带来意想不到的收获。这或许就是"在战略上藐视敌人"吧，高考考验的不仅是知识，更是心态，唯其不怕它，才能战胜它。

也许有的同学会觉得，这平常心说起来轻巧，哪儿那么容易就做得到呢？的确，高考关系到我们的未来，也许会是我们人生中一次重大的转折，容不得半点差错。在我们周围就有许多无形的压力，每时每刻提醒我们高考之重要。但说到底，高考不过就是一次对我们的学习成果和能力的检测而已，真正决定我们命运的不是摆在桌上的几张试卷和一张红榜上写出的分数，而是我们高中三年不懈的努力，是我们一路走来洒下的汗水。高考只是为我们的高中生活画上一个顺理成章的句号，至于这个句号漂不漂亮，我们早已亲手在文章中写好，无须太多的担忧。

在高三，老师们常说的一句话就是："平时当考试，考试当平时。"当我们被这一年大大小小的考试磨烦的时候，不也正是训练着把考试心态放得更平了吗？

尤其是当高考一天天临近的时候，一些同学会开始紧张、烦躁，没法认真复习，甚至陷入焦虑之中。其实，与其为高考担心，倒不如安下心来，努力做好面对它的准备。一味地忧虑解决不了任何问题，只要能稍稍控制住这种紧张，踏踏实实地多学一点儿，我们对自己的信心也就更强一点儿，这样忧虑和紧张就会一点点消失。

事实上，我身边那些在高考中有出色发挥的人，都是越到最后关头，越能平静下来，有条不紊地看书复习的人。若没有一份对高考的坦然和自信，这一点很难做到，而这份坦然和自信正来自于平时一点一滴的努力。

当你回想着每一个挑灯夜读的夜晚，每一次埋头书海的凝思，每一道困扰你很久但最终被攻克的难题，相信你一定会带上微笑，昂首挺胸迈进考场。那一刻，胜利一定是属于你的！

二、理解之上拼效率

说过了战略上的藐视，再来说说战术上的重视。

学习是一件很讲究战术和方法的事，但每个人的学习习惯不同，别人觉得有效的方法不一定适用于你。一方面要采他山之石，另一方面也要学会从自己的学习过程中总结出一套真正适合自己的好方法。在这方面我称不上什么高手，只是有些自己的心得，供学弟学妹们择优选用吧。

我是个理科生，也许很多人会觉得，理科的东西就是靠做题堆出来的，题做得越多，分数就会越高。其实完全不是这样，学习理科最重要的一点还是对知识本身的充分理解，做题最需要的也是效率而不是数量。

许多同学对"做题的效率"这个概念并不很理解，这么说吧，高考作为一场公平性较高的考试，是有其内在规律可循的。只要对历年的试题稍加分析，就可以看出高考的核心考察点基本上没有什么变化，只是题目的形式有些变动而已。了解了这些以后，当我们面对高三望不到头的题海，就能够很容易地剔除掉那些意义不大的偏题和重复练习，把握住每一科的主干和重点，再结合自己的薄弱和不足之处，可以在题海中寻找出一条清晰而有效的捷径。这样不仅为你节省了大量的时间，还能让你站在高处俯视高考，更全面地把握它，信心也就更足了。

到了高三，我们的任务就是把以前学过的、零散的知识整合起来。这时除了课堂上跟随老师总结之外，一定要有自己的思考，形成自己的一套体系。高考最终考查的是一个学生理解、分析和解决问题

的能力，而绝不是那些死记硬背的知识。只有通过独立的思考和总结，才能真正把书本上的知识变成你自己的、遇到问题能灵活运用的东西。在高考的复习中理解好一个重要的知识点，往往比做上厚厚的一沓习题更重要。

备战高考要学会"大处着眼，小处着手"。一方面，要有大局观，高三的时间对每个人都一样，谁能抓住复习的重点，就等于比别人多学了很多；另一方面，对于复习中的每一处细节，又要以极其认真的心态对待，做到该抓住的绝不放过。这样复习的效率和效果都会大大提高，一定会带给你一个满意的结果。

以上就是我想说的：自信＋效率＋恒心＝高考成功。亲爱的学弟学妹们，高考是我们的一次特殊的成人礼，走过高三我们才会真正开始成熟。好好珍惜眼前这段奋斗的日子吧，它虽然很苦很累，但你会看到今天所有的付出都有它的价值。我相信你们，也由衷地祝福你们。

用拼搏的今天去书写梦想的明天吧，我会等你在未名湖畔。

姓　　名：陈 冲

院　　系：北京大学化学与分子工程学院

毕业学校：重庆市巴蜀中学

人生格言：即使是爬到最高的山上，一次也只能踏踏实实地向前迈一步。

高考成绩：682 分

成年前的涅槃

似一场梦，似一出戏，高三就这样匆匆来又匆匆离去。有些人的高三如涓涓细流，悄无声息，毫无波澜；有些人的高三犹如波涛翻飞的江水，曲曲折折，留下厚厚的沉淀，磨砺出岁月的痕迹，积淀出人生的重量。

高三的生活，充满的是无数挫折，填满的是无尽压力，堆满的是试题考试。有过丧失信心的时候，也有过无限憧憬的时候，有过他人的鼓励与指点，更有过别人的怀疑与嘲讽，一路走来，最后只能用结果去回应一切。在错过了两次保送的机会后，我还是在高考场上战胜了自己，进入梦寐以求的燕园。

我的高三，是在抉择中度过的，是在惨痛的教训中度过的，是在怀疑与指责中度过的。

高三前的日子里，学习生活风平浪静，综合名次也稳居年级前三，可是进入了高三，第一次月考疯狂地掉到了一百名开外。到了高三，事情并不会一成不变地运转的，这时该调整心态面对一切了。九月份重庆突然改革加分制度，竞赛一等奖加分取消，这对我们这种从开始就致力于竞赛的学生来说无疑是一个很大的打击，可是在这竞赛来临的前夕，我与大多数同学一样还抱着些许奢望，其实这份奢望只是为了让自己有更多的动力继续下去，不放弃化学竞赛。因为努力了两年多，毕竟希望有一个好的结果。没有太多意外，在全国初赛中成功拿到一等奖，并进入全市前五，此时踌躇了，我一直不愿去拼冬令营的，此刻也是。功利的想法是只想去拿到 20 分的加分，现在这加分已经取消，只有进入冬令营才有加分资格，于是老师三番五次劝我继续参加复赛，争取进军冬令营，保送亦可加分亦可。这意味着我会荒废三个月去准备复赛考试和为冬令营决赛的培训，没有底气的我却走上了自己从没有计划的这条路，也是"错误"的路。这不是参加冬令营的错，而是我在竞赛与高考之间徘徊的错，是我考虑太多、意志不坚决的错，是我"优柔寡断"的错，是我想"投机取巧"的错。

重庆前两年都没有金牌选手，于是我便自作聪明地认为我不应该去想着拿金牌而保送，应该想着拿到奖牌并加上 20 分的"切实目标"，于是我在三个月的培训中始终丢不下高考书，又在悄悄准备自主招生，并没有在培训上尽全力，一心想着进入决赛就可以保证加分，我的努力很可能也换不来金牌，不如回来高考，还有自主招生的机会呢。有时候机会太多并非好事，因为机会多时，自己想要的也实在太多。舍弃不下高考，舍弃不下冬令营，也舍弃不下自主招生。结果可想而知，首先是高考日常学习缺席了近三个月，成绩直线下滑；梦寐以求可以有所斩获的自主招生中，我在笔试中因为考试时间分配不当也惨败下来；化学冬令营上铩羽而归，收获银牌，而身边的几位队友有 3 位拿了金牌，保送到清华和北大，而我，失去了这个机会。这是自己造成的，这是自己的选择。有些事并没有想象的那么难，不要过早地降低目标或选择放弃。尽管拿到了 20 分，可是失落大于喜悦。教练也不断教育我之前不应该过早判断拿金牌无望，批评我做事没有决心。的确，这就是我收获的教训。回去后我又会是什么样子？这 20 分究竟值不值？真的能赶上大部队吗？可是质疑或悔恨都是无用的，有用的是尽早恢复备战状态。

　　寒假里为弥补我落下的课程，自己一天都没有休息。从新年开始，我便在每天早上起床时默念一次"我要进北大"！这个习惯也一直坚持到了高考。手机的开机语言也从此定格为"不懈追求的北大梦"，只为时刻提醒自己不要被眼前的一切困难和不顺打倒，只为让自己的动力永不削减，只为提醒自己依然为北大而奋斗。可是自己在努力，其他人也在努力，下学期我多次考试依旧在年级五十名开外徘徊，隔壁班的班主任在他们班上把我当作反面教材批评了一番，表示怀疑我可以考上北大。我的竞赛教练也在年级总结会议上批评了我。听同学告诉我后，我的确沮丧了一阵子，后来找班主任谈话后释然了，心里暗暗告诉自己："那我就做给你看吧！"三番五次的考试我依旧难以恢复以前的排名，但一直在进步。我知道如果这时我不再把北大当作一个理想，那我将对不起自己。为了补我最弱的数学，我每天晚上基本就耗在数学上，并专攻模拟卷的最后两道大题，在笔记本上记录那些灵活的思维方法。每个周末自己掐着时间做一个理综模拟，提高实战水平。任何小测验我都会仔细地分析自己做下来的结果。终于在二次诊断考试时回到了前 10 名，这极大地恢复了我自信，并凭着这份冲劲走进了高考考场。

　　高考前半个月断绝了和父母、亲戚的电话联系，希望有一个安静的环境、平静的心情。不需要任何人给我做思想上的鼓励，也不需要任何人口头上告诉我要轻松。进入考场后，我没有紧张，我只是作为一个武装好的自己去参加战斗，胆怯者必亡。

　　回忆起在那段最繁忙的学习生活里，我依旧保持着兴趣、爱好。

比如，踢足球，每次体育课我都不会圈在教室里，我会到球场上去释放自己；每天晚自习间隙，我都会到操场跑上几圈，在跑步中思考一天的收获和接下来的计划，偶尔呐喊几声，等到一身轻松又回来上自习；每个晚上睡觉前，我都会和室友在夜色下的阳台上聊上几分钟，开开玩笑，谈谈琐事；每个周末我都抽出一个多小时去逛逛，偶尔看场电影。所以我不用枯燥一词去形容高三。我一直不认为学习紧是不放松娱乐的借口，时间是可以分配得当的，学习也更有效率，二者可以兼顾，并且这样会让自己"可持续发展"，不间断努力。

经历了这些，我认为高三需要耐得住寂寞，需要禁得住打击，需要执着的信念；需要一股"气"，一种一鼓作气的勇气，一种不言败的骨气，一种舍我其谁的霸气；还需要一种素质，"老老实实"，在繁忙中的淡定。另外高三的考试数不清，考差了也是家常便饭的事情，所以高三还需要学会阿Q精神。

正如郭敬明所说，"一半明媚，一半忧伤"，高三生活正是如此，在拼搏过后才发现自己的经历如此珍贵。而涅槃后便有了一双坚强的翅膀，带我们展翅飞翔。再回首，已云卷云舒……

姓　　名：李　志
院　　系：北京大学中国语言文学系
毕业学校：河北省冀州市中学
人生格言：低头做事，抬头做人。
高考成绩：611 分

冲上云霄

序篇

雪花飘飘洒洒，不加修饰就已是冬的模样。漫步在这样纯粹的世界，我的心也变得通彻透明，远望那巍巍博雅，幽幽未名，不禁思绪纷飞。

依旧清楚地记得 2009 年备考的一切，奋斗的点滴，早已成为我最宝贵的回忆，如今品来，恰如浓香咖啡，馥郁芬芳，犹如冬日的冷空气，清醒我疲惫的思维……

态度篇

对于备战高考的莘莘学子来说，高考无疑是一场非赢不可的战争。这场战争，没有硝烟，拼的是才智，拼的是心态，拼的是耐力……所有参加高考的学生都应该为自己喝彩，人生有幸能战斗于这样一场高水平的战争，并且为之"衣带渐宽终不悔"，何其壮哉！抛却未知的结果，只要经历过这样一件如此纯粹、如此动人心魄的事，人生无悔！

是勇士就要勇于夺冠，怀有必胜的信心应对每一次挑战。但记住，没有哪一次成功是必然的。我一直相信，那些所谓一夜成名的人，在他们功成名就之前，早已像"睡之鹰""潜之龙"一样默默努力了许久，才会有绚丽的瞬间的爆发。高考同样如此，永远不要想着当考场上的"黑马"，考场上永远没有"黑马"！只有努力的人和不努力的人，也只有对努力的人而言，一切才皆有可能。

易卜生曾说："你最大的责任就是把你这块材料锻炼成器。"在自己努力之前，设立一个清晰的目标，确定你究竟要成为什么样的器。清楚地告诉自己，你要考多少分，你要上哪一所学校，并且非此不上。人有时候对自己太好了，往往失败就在于潜力被惰性所消磨，意志被懦弱所腐蚀，最终不是败给了别人，而是败给了自己。什么叫"置之死地而后生"？有的时候成功就需要的是这种像求生一样强烈的向上感和无畏的努力。

拼搏过程一定会有低谷，要走出自己生命中的晦暗，不经过一段卑微的艰苦历程、一段漫长的潜伏期，又怎么能够崛起并发出耀眼的光芒呢？但是要明白，我们大多数的痛苦都源于我们的欲望，我们渴望得到别人的认可，我们渴望高考那个理想的结果，于是在一次次失败中我们痛苦不堪。这样的患得患失的心态无益于我们的成长。孔子有云："君子之学为己。"当学习成为一种纯粹的事，只是为了加强自身修养、提高自身素质时，我们只要知道自己每天都有收获，每天都有所提高就已经足够了。在这样一个不断提高的过程中，我们既心情愉快，同时又真的在收获之中，那么高考的结果不就只成为一种副产品了吗？成功岂不是一件水到渠成的事？

学习方法篇

就像行兵打仗要讲究谋略一样，要赢得高考的胜利还需要有高效的学习方法。学习方法因人而异，并且我认为并无高下之分，毕竟只有适合自己的才是最好的，在此浅谈一下我的学习方法。

我们高中要学很多的课程，并且为备战高考我们要补充很多的知识，每天接触海量的信息就需要我们有筛选和升华的能力。各门课程有各自的特点，对于这一点，应对之策就是一个字：悟。一直认为，每个人都有一种不可言说的"悟"的能力，每个人都会对各门课程有自己的感觉。这种感觉可能不知如何表达，但的确能让你形成自己的套路。例如，我在高三的时候有一个同学，平时不怎么学历史，但是每次历史成绩都非常高，尤其对于单选题，我们每每感觉不知如何下手，她却总能准确无误。每次问她，她总是呵呵一笑："我是凭感觉的，具体也说不上来，但就是感觉那个选项对。"我相信她的说法，这就是"悟"的能力，并且这种"悟"绝不等同于蒙，这是建立在对课程的个人感悟的基础上的。在备考中尤其要注意有意识地培养自己的这种能力，平时注意多多了解与课程有关的知识，多多思考，并且多多实践，一旦形成这样的能力，学习真的就会变得事半功倍。

高三会有数不清的大考、小考，千万不要迷失在雪片似的考卷中。题量越大就越要精选，越要提炼。这就要求我们学会总结，总结就是升华的过程，把书上的知识和老师讲的东西都变成自己的东西，形成自己的语言、自己的套路。例如，我在高考备战文综时，自己准备了一个升华本，我会在每天的最后一节晚自习时把这一天接触到的有关文综的自己感觉是很新的或是很有代表性的东西，比如新的语言、新的评论、归纳性的表格等整理出来。内容并不在多，可能只是一句话、一个词而已，重要的是你要领会其中的含义，把它真正变成自己的东西。

另一个很重要的学习方法就是交流。不要认为把自己的精粹与别人分享之后会失去优势，这是一个能力问题。双方彼此交流各自精彩的复习成果，你等于有了另一个优势，并且你在多大程度上利用好这

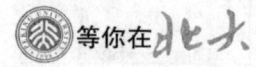

个优势，把对方的精粹重新吸收，甚至根据自己的特点进行改进，你就能在多大程度上获得进步。想想这是一个绝好的提高的方法，只是取决于你的度量和智慧。越是紧要关头，越要学会同别人分享，让思想在交流中碰撞，给自己创造更大的进步机会和空间。所谓共赢，所谓"水涨船高"，绝对是有道理的，只不过你要保证要有足够的能力，不要让自己的头脑变成别人的跑马场。

尾篇

为高考打拼，也是在为我们的未来打拼。经历过才会明白，这样的"为伊消得人憔悴"的日子是多么珍贵……生命就应该有一个永不后悔的选择，应该打一场心灵的硬仗，最后战胜对手于战场，冲上云霄……

姓　　名：张婧涵

院　　系：北京大学社会学系

毕业学校：河南省项城市第一高级中学

人生格言：不是每一次努力都会有收获，但每一次收获都必经过努力。

高考成绩：623 分

有些话，我想对你们说……

　　独自行走在燕园的银杏树下，看着未名湖泛起的点点波光，再想起高考，却已有一种恍若隔世的感觉。忆起高三的点点滴滴，心中不禁感慨万千。亲爱的学弟学妹，我们拥有着一样的高三：竖得高高的课本，整沓整沓的试卷，空气中飘浮的粉笔灰，耳边老师在一遍遍地重复某个知识点。我们都曾在课桌下偷偷地翻着杂志，提防着班主任有没有在门外巡视；我们都曾被一场接一场的考试折腾得筋疲力尽，生气全无；我们都曾满脸紧张，小心翼翼地查看着自己的分数与名次。我们怀揣着自己的梦想，一步步地向着自己心中的那所在夏天看不到整片阳光的大学迈进。或许会遭遇挫折，或者曾悲观失落，但我们从未放弃过自己的努力。高三，就是我们年轻的战场。

　　亲爱的学弟学妹，有些话，我想对你们说。我不奢求它们能对你们起多大的作用，只希望你们能从我的经历中得到一些感悟。

我希望你们都能以一种饱满昂扬的精神状态投入到每天的学习中去。从某种意义上来说，学习确实是一种享受，只要投入其中，我们能获得很多的充实感与成就感。快乐的学习，能扩宽大脑思路，提高我们的学习积极性和学习效率。不要把学习当成是一个苦差事，在现阶段，学习是帮助我们实现梦想的最佳途径。同时，需要注意的是，在高三我们要妥善处理好同学关系，避免双方之间出现不愉快的事情。即使在生活中出现了不和谐的音符，也要调整好自己的心态，不要让它影响自己的心情。我们要在心里确定一点：一切都要从高考出发。无论面对什么事，都要把高考放在第一位。

不少人在谈到学习方法时，总会突出"时间"与"效率"的关键性作用。但我在这里更想特别强调一下学习效率的重要性。我们总会发现自己身边有这么一群同学，学习相当认真，态度也很好，平时更是几乎把自己所有的时间都用在学习上，可是成绩却总不尽如人意。方法不对固然是其原因之一，但我认为还有一个原因是因为他们的学习效率不高。比如，他们也许做了很多的习题，可是如果不会举一反三，那么效果也就不佳。而且，长时间地伏案苦读，让自己的大脑得不到休息，会使自己感觉到很疲倦，学习效率又怎么能保证呢？在高三这个寸时寸金的时间里，我们必须要确定自己在每一个学习时间段里都有收获，这样才能使自己不断得到提高。我们要"会听课""会做题"。会听课是指我们在课堂上要精力集中，一步一步地跟着老师的思路走。要知道，老师不经意间的一句话可能就让我们发现自己的一个知识盲区。会做题是指我们在做习题时，不要单单只为了做题而做题，对某些题目，我们要学会去思考它背后所关联的知识点，这样有利于我们形成一个知识网络。我一直很排斥"开夜车"的行为，我认为那样既学不到知识，又会直接影响到第二天的学习效率。保证充足的学习时间很重要，但是在同样的学习时间里，能学到比别人更多的知识的能力更重要。

我还希望你们能重视错题集的作用。我曾经为语、数、外、综合各备了一本错题本，里面不仅用双色笔记下了我曾经做错的题目及答案，还有一些我所见到的经典例题。建错题本有两大好处：一是它能记录下我们的学习历程，让我们有机会一遍遍地巩固自己的知识弱点；二是它能让我们有效地备考。在考试前翻笔记是一种最有效的复习方法，还能提高我们对考试的信心。没事时可以多翻翻自己的错题集，这样能增加自己对好多知识的感悟。我们一定要树立这样一种认识：我们的学习更多的是为了寻找自己的知识盲区，而不仅是为了巩固已经掌握了的知识点。因此，我们要避免大量的重复性做题，一切以寻找自己不会的知识为目的，而不要在自己已经学会了的地方浪费大量时间。只有找到自己的知识盲区，一个个地减少，自己的水平才会有真正意义上的提高。在这里我想强调下问老师问题的重要性。据我的观察，不少同学出于各种原因，都很少向老师问题目。这样的后果之一是自己不会的知识点越积累越多，等到以后真正想要弄明白时却会感觉无从下手。其实，向老师提问比与同学讨论的优势就在于我们能获得一个更权威的答案，而且老师在给我们解答时往往会启发我们对相关问题的思路。我还希望你们能学会分析答案。在经过大量做题之后，我们会发现很多题目具有很强的典型性，学会分析它们的答案，有利于我们理解相关题目，训练自己对类似题目的敏感度，提高自己做题的"手感"。

其实，在高三，我们在独木桥上比的不仅仅是学习成绩，还有自己的心态调节能力。作为准高考生，你们必须要培养自己良好的心理素质以及冷静应付各种事件的能力。无论发生了什么，会发生什么，都要把自己锻炼得波澜不惊。有一句诗说："把自己想象成一尊雕像，铁石心肠。"而在自己状态相对不好的低谷期的心理调节尤为重要。其实我觉得低谷期是每个高三学生都必经的一个阶段，我们必须要正视它，经常有意识地给自己一些积极的心理暗示，不要给自己太多的

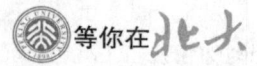

压力，要相信自己终究会走出那片阴霾。

　　曾经有个学弟告诉我说，每当他想想一年之后就能走在大学的林荫道下，心里就很舒服。曾经我们都幻想过，那里丹桂香、桃花开、楼台隐、一塔湖图，宛如画中，美丽不可方物。抱着同一个梦想，在高三的道路上，你不是一个人在战斗。

姓　　名：周学晨

院　　系：北京大学国际关系学院

毕业学校：北京市第二中学

人生格言：百日昏晓心吹号，何妨一笑？十二寒暑锋出鞘，剑光闪耀！

高考成绩：652 分

等你在北大——青春无悔

三年前，我怀着忐忑的心情走入高中的校门，眼前的一切陌生而让人憧憬。

两年前，我念着假日的留恋回到喧闹的教室，看到的人、事熟悉而使人烦恼。

一年前，我带着未来的忧愁跨过高三的门槛，见到的事物亲切而让人辛酸。

这就是我的高中生活，成功与失败共存，痛苦与喜悦交织，忙忙碌碌，但绝不缺乏精彩。在这里，留下了我的 16 岁、17 岁、18 岁。不知现在仍然在高中学习的你们是否珍惜了身边的美好呢？在此，我想与大家分享一下我的经历和想法。

一、关于高考

这是最严肃最难让人心情舒畅但无疑也是最让同学们关心的话

题。不得不说，在现行教育体制下，备战高考虽然不是高中的全部，但的确是整个高中阶段最重要的一部分。高考成功并不代表整个高中的成功，但如果高考不成功，整个高中无疑将会黯淡许多。在这里我就简单谈一下给我印象最深刻的几点体会，希望对大家能有所启示。

1. 坚持自己认为最有效率的方法

对于想考北大的同学，勤奋自不必多说。三年中，我几乎没有节假日，所谓的放假都是在家学习。8小时的睡眠简直太奢侈，饭前饭后的放松总让我对时间产生负罪感。相信许多同学对此会有同感，但在大家都很勤奋的时候，效率就显得尤为重要。书桌前，一坐就是一天半天。由于天生腰椎不好，长时间坐着对我来说简直就是一种煎熬，高三的晚自习更让我的腰不堪重负，所以即使学校三令五申要求重视晚自习，我依然选择提出退出申请。在家学习，我可以选择站着甚至趴着，听起来好像很奇怪，但对我来说的确更有效率，这很重要。我想说的是，对于那些想考北大的同学，在十几年的学习生涯中，你们一定要有一些自己独到的方法，知道自己最需要的是什么，什么是最适合自己的。高三备考阶段，最重要的不是学习别人的新方法，而是坚持自己的好方法。想必每个同学对过去一天的学习是否有效率都可以做出准确的判断，如果你发现自己的方法的确更好，那么请你坚持。不要因为迫于学校或老师的压力而妥协，要相信自己是最了解自己的。

2. 心态决定成败

我一向还自以为心理素质很好，高考前大大小小的考试都挺过来了，没有因为心态问题而失常。但高考就是高考，与之前的模拟考有着本质的区别，说不紧张是骗人的。高考前一天，为了能有充足的睡眠，我下午没有午睡，晚上九点多就早早上床了。不能避免地，躺在床上就开始浮想着，有对往事的回忆，有对未来的憧憬，还有许许多多或好或坏的假设。我知道那时不该想这些，但自己好像控制不了自己的大脑。就这样，越乱想越睡不着，越睡不着越着急，越着急就更睡不着。一点儿也不夸张，那时有着一种急火攻心的感觉。身体摸着明明是冰凉的，却感觉很热很热，这种热是从内而外的，是我从来没有经历过的，估计也是永远都不会再经历了。原因并不复杂，紧张、着急，以及考前的些许兴奋，睡觉这个平时最美好的项目此时变得如此困难。折腾到了凌晨四点，仿佛才慢慢进入了睡眠状态，但这两个小时对我很重要，它让我的心态平静好多，可以说是一种释然吧。之后上考场，真的一点儿也不紧张了。实际上，高考绝不仅仅是对知识的考查，也是对心态的考验。好的心态将决定你有一个好的状态，而好的状态将决定一切。就我的经验看，调整心态最好的办法就是与人交流，与父母、与老师、与同学，把你心里所想的、所感受的、所担心的、所困惑的，都说出来，倾听他人的安慰和鼓励。在敞开心扉的谈论中，你的焦躁不安会在不知不觉中被淡忘。不要怀疑这是否有用，因为此时，你已不是一个人在战斗。不要担心这会耽误时间，调整出一个好的心态远远比补上几个知识漏洞重要得多。

二、关于师生情

我必须要强调一点，在备战高考的过程中，我的班主任吴老师给了我莫大的帮助。几乎每天早上，吴老师都会到班里给大家鼓舞士气，虽然大家有时听得并不是那么认真，但潜移默化中，我们的确受到了影响。老师每天安排两个同学在后黑板写下自己想对同学们说的话。我清楚地记着，5月17日，学校为我们办了成人仪式暨毕业典礼，主要也是为我们鼓劲。我拿到毕业证书后，和吴老师来了一个深情的拥抱，吴老师抱得很紧，轻轻在我耳边说："学晨，加油！"当时我的眼眶就湿湿的，但由于在台上，我还是克制了自己。6月4日是领准考证的日子，那是考前最后一次见老师，分别时，我跟吴老师再次拥抱，这次我真的让眼泪尽情地流了下来。那时的感情是复杂的，是难以描述的，是想尽情发泄的又不得不有所控制的。老师说：

"我把我的好运都送给你!"我们彼此一笑,那一刻,我感受到的是力量。现在回想起来,老师真的是一个崇高的职业,尤其是高三的老师,他(她)们不仅仅给予我们知识,更重要的是,他(她)们为我们付出了自己的感情。经历了高三的同学可以体会到,老师真的是与我们同呼吸、共患难的。老师也有家,老师也有自己的孩子,但为了我们,老师每天早出晚归,顾了我们,却冷落了家人。多年来,老师无怨无悔,以此为乐,他们的确是无私的。我们应该有一颗感恩的心,少些抱怨,多些对老师的爱的珍惜吧!

三、关于亲情

人人都说,好好学习是为了对得起自己,这是真理,只是有时显得太空泛。其实,有感情的同学都清楚,我们努力付出,很大程度上是为了对得起家人。就我而言,在复习中,每当想起与家人在一起的往事,总会让我感动得落泪。好像已经成了习惯,妈妈总要等到我睡觉以后,自己才睡。为了让妈妈早些休息,不要跟着我无谓地熬夜,我总是在晚上 12 点左右出来洗漱,准备睡觉。妈妈见我屋的灯灭了,也就放心了,很快就会入睡。此时,我会再次打开台灯,继续学习。高中三年,这样的情况很常见,我们都习以为常了,时间久了,妈妈自然知道我并没有睡,但也不多说什么。就这样,刷牙—关灯—开灯—学习,很奇怪,但很有趣。

由于从小与爷爷奶奶生活了很长一段时间,我与他们之间的感情也很深很深。在视时间为金钱的高三,我依然要抽出一些时间去看看爷爷奶奶,至少两周去一次。其实在一起时,也没有什么特别的,聊聊天,吃个饭,从来没有什么煽情的对白。每次去看望至少要花掉三四个小时的时间,这对高三的学生来说不是一个小数目,但我从来没有怀疑过这是否值得。如果时间久了,没有去奶奶家,我会感到很不安,总感觉有个任务没完成似的。道理很简单,老人是需要陪伴的,知道你周末要来,这一周他们都会过得很充实,很有盼头。你在看望老人之后，会不由得要求自己更加努力，去对得起老人的期待，让老人为自己骄傲和自豪。这个结果是皆大欢喜的。不要以为这很幼稚，不要以为自己已经足够独立了，高考的重压会让你很脆弱，而家人的陪伴同样会带给你力量，这种力量越是关键时刻就越显重要。

高考查分那天，我竭力让自己心情平静，但我做不到。和中考一样，第一时间查分的任务交给了爸妈，我想用看电视来转移注意力，却不停地在屋里徘徊。时钟刚过中午 12 点，查分的电话就打通了。半分钟后，爸爸从里屋冲出来，喊着："儿子！成了！成了！"他甚至还没记清分数就忙着把我抱在怀里，搂得很紧很紧。现在回想起那一幕，我依然会落泪。我为老师的支持感动，我为家人的关心感动，我当然还要为自己的努力感动。

高中的同学们，我也只是刚刚毕业，深深地知道大家时间紧张，但这绝不意味着要麻木地埋头死读书，抽些时间与亲朋交流吧，抽些时间陪伴家人吧，抽些时间为自己感动，为自己加油吧！不经意中，你会发现自己真的收获了很多。

姓　　名：高 凡
院　　系：北京大学物理学院
毕业学校：安徽省安庆市第一中学
人生格言：要做就从现在开始！
高考成绩：684 分

在行走中选择

一、选择北大

一直以来，我都被"水木清华"这四个字深深吸引，心中装满了对它沉甸甸的向往。清华给我的印象犹如一位安静沉稳又带有一股时代气息的学者。也许是因为我从小就是个安静的孩子，这样的清华让我感到无比亲切。高中的我进入了理科实验班，更加坚定了迈入这所理工强校的信念。"清理北文"，我直到高二都这么认为。所以，很遗憾地说，北大好像从未进入过我的考虑范围。

高三上学期，我经历了学习上一个不小的挫折——没有拿到物理竞赛一等奖。其实我早就有了一种隐隐的担心，考前的我异常紧张、烦躁，甚至有些厌烦物理。我不喜欢功利主义，而竞赛的目的多多少少有些功利，所以当我一遍又一遍地分析、运算，总结解题技巧、牢记物理模型时，我在心里暗暗抗议着。我喜欢的物理不是这样的！我喜欢的是高一学到新知识时的兴奋，提出独到见解时的得意，围在老师身边热烈讨论时的认真；我喜欢的是高二接触竞赛内容时的叹为观止，钻研更深学问时的执着，渴望在物理上有所建树时的雄心。倔强的我不愿向成堆的卷子妥协，失败在所难免。我在考场上失去了一贯的沉稳，用一个超级弱智的错误错失了一等奖。

当看到拿到一等奖的同学们议论着保送清华时，我努力克制着自己的失落。我选择了自主招生。清楚地记得那天班主任来电话说北大要到学校搞一个讲座，建议我去听听。当时我心里仍然惦记着清华，但又不好意思推辞，于是和妈妈准时来到会场。

就这样，北大登场了！

听了北大老师的介绍，我才知道北大不只是一所文科大学，它的理科也堪称一流。文史哲数理化，这些基础学科正是支撑北大教学科研的顶梁柱。我不禁惊异于我对北大的一无所知。其实我对清华又了解多少呢？从小时候起我就为自己编织了一个梦，这个梦不需要事实基础，只需要自己相信自己喜欢什么就行了，而现在梦该醒了。

北大作为一所文理兼长的学校，以它那文艺般的学者气质让我瞬间倾倒。从北大走出一代代名家自不必说，我更感兴趣的是现在北大的莘莘学子，他们的昨天与我们一样平凡，而他们的未来却拥有了无数精彩的可能。北大给了年轻人最大的自由，也给了他们最艰巨的责任。面对这个选择我怦然心动，理想、责任、民主、科学、"思想自由，兼容并包"……这些象征北大的词语在我脑海中不停闪现。当自主招生志愿表放到我面前时，我大声喊出了北大的名字。

二、选择物理

我真正爱上物理是从高中开始的。开学伊始，物理老师就"吓唬"我们说物理是高中最难的课程。带着对物理的好奇与敬畏，我一丝不苟地开始了在物理世界的跋涉。

我不愿再去重复物理带给我的种种快乐与烦恼。在与物理的较量中，我赢了，快乐，我输了，烦恼，但热爱始终如一。

高中时我开始接触物理学史。20 世纪上半叶，物理世界迎来了波澜壮阔的变革。我的心也随着这段历史久久不能平静。当爱因斯坦独自构筑着相对论的世界，当普朗克、波尔、薛定谔一遍遍叩击着量子论的大门，当时空向更远处扩展，当粒子向更微小处进发……我深深陶醉其中，既是陶醉于物理，也是陶醉于历史。我渴望着自己也成为书写历史的一员，哪怕不在史册上留下痕迹，只要为之奋斗过便很满足了。

小时候，别人问起我的理想，我都会毫不犹豫地说是科学家，尽管那时还不清楚科学家是干什么的。而现在我不再说是科学家，只是称之为科技工作者。没有谁一进实验室就成了什么家，我要做的是从最不起眼处开始。

其实我只想做个在科学的海边拾贝壳的孩子。

三、选择快乐

高中的确有许多辛酸和无奈，有些东西我们无力改变。但快乐是可以选择的。细细品味生活中的一点一滴，有许多人和事让我开怀、感动。最要感谢的是那些和我一路走来的朋友们，他们和她们……我不需要伤感的回忆，只要把这些温暖珍藏在心底。

相信到了北大，快乐会依旧。一些人说大学的友谊不再像中学时那样纯洁无瑕，于是即将迈入象牙塔的人们不禁要无奈地叹息一声。可是我并不这么认为，何必在一切开始之前就如此悲观呢？真诚的友谊只有用真诚的自己去换得。只要敞开心扉，天地就会宽阔。

不管走到哪里，我都会努力保持自我，这样才能找到自己存在的价值。

四、关于高考

高考就这样轻轻地走了，进了北大才知道这世上还有好多比高考恐怖得多的考试。对于正在高三奋战的学弟学妹们，我的建议是好好地把握当前，先不要为未来太焦虑。我在高三下学期的模拟考很少进入年级前 10 名，但我高考成绩是学校最高的（不含加分）。也许是因为经过了竞赛的洗礼，我在高考考场上十分冷静。尽管也遇到了棘手的题，但我脑子中只想题目本身，尽最大努力去解，就算没解出来也不觉得遗憾。每个高三学生都要经历高考，不管你是期盼还是恐惧，都坦然面对吧。我进了大学才感受到，在这里你要成才很容易，你要荒废自己也很容易，关键是你给自己定了怎样的目标。从某种意义上说高考会影响我们的未来，但更重要的是上大学后的态度。所以高考不是终点，只要心中有理想，你所付出的每一分努力总会在某一天带给你惊喜。

姓　　名：王丽雅

院　　系：北京大学社会学系

毕业学校：河北省衡水中学

人生格言：无论暴风雨把我带到哪里，我都将以主人的身份上岸。

高考成绩：总分618（含优惠分10分）

追梦高三

已经记不清是从什么时候开始从何种渠道知道北大了，回忆往昔，仿佛自己是一粒破土而出的种子，生命的每一天都被北大的阳光沐浴，都被北大的雨露滋润，不知不觉中长成了一棵倔强的幼苗，朝着北大的方向，毅然开始了自己的征程。当然这征程中有苦有甜，有笑有泪。

初入高三就面临了一次重新分班，告别了熟悉的老师和同学，进入了新的班级，对一切是陌生，甚至排斥的。但学长告诉我，反感只会加重自己的负担，留恋只会浪费宝贵的时间。仍记得班主任送给我们的第一句话：进入状态的速度就等于你成功的速度。想成功吗？那么就用最快的速度接受新的同学和老师，并试着爱上他们，因为他们将陪你走过人生中最重要的一段时光，那就是希望与压力同在、挑战与机遇并存的高三。

　　学校每年都在见证着高一、高二、高三的不同故事，而今年你是衡中的高三人。是高三人，就要有高三样，说高三话，做高三事。不再去羡慕高一的新奇与未知，高三自有其因熟悉而带来的亲切感；不再去留恋高二的丰富与轻松，高三自有其因知识爆炸而带来的成就感。快是高三的节奏，考是高三的主题，分是高三的作料，而高考成功是高三的最终目的。高三的生活，说复杂也复杂，因为我们经历了三轮的知识复习和无数试题的考验；说简单也简单，因为我们的一切行动都直指终点——高考。在高三这不寻常的一年中，我们会经历挫折、困难、诱惑、考验，我们也会品尝激情、充实、快乐、成功。什么样的人最幸福？通过努力可以改变自己平凡命运的人最幸福。所以，高三的我们是最幸福的人。我愿意与你们分享我高三一年的心得，希望可以为你们的幸福锦上添花。

一、学在高三，要将目标刻在心上

　　目标不是一纸的承诺，不是空喊的口号，而是用血与泪刻在心上的执着追求。爱默生曾说过："一心向着目标前进的人，整个世界都会为他让路。"没有目标的指引，我们会在高三的书山题海中迷失方向，我们会被那些方向明确的对手逐渐超过。目标就是催化剂，可以催化出我们无尽的潜能；目标就是强心针，可以强劲我们无穷的斗志。有人说过："当你像渴望生存一样渴望成功时，你才会成功。"同样，只有当你像渴望生存一样渴望实现目标时，你才会梦想成真。从进入衡中的那天起，我就将目标锁定在北大。三年来，尽管成绩起起伏伏，名次有进有退，但是目标不曾变。无论遇到什么挫折，想想北大，我就会燃起无穷动力。作为高中生，我们的目标就应该是北大、清华，就应该是名牌、重点大学！今天回去将自己的理想大学写在桌子上，每天早读前、晚饭后看它几眼，老师、同桌不注意时念它几遍，成绩进退时想它几回，它就会忠诚地爱上你，并陪你走过高三一年，直到梦想成真。

二、学在高三，要将老师捧在手里

说实话，虽然我们学习了 11 年，也算久经沙场，但是高考我们却是第一次遇见。不过，我们的身后有一个团体，他们是高考战场上的常胜将军，他们就是我们的老师。他们个个是教学的标兵，年长的老师经验丰富，年轻的老师激情澎湃。他们的每一次讲解，都凝聚着整个学科组的智慧；他们的每一堂正课，都蕴涵着无数的心血。每一次提示都会督促我们进步，每一个指导都直指高考热点。所以我们要做的一切就是相信老师、紧跟老师。学习上的疑难不等不拖，去问老师，你会得到全面的回答和迁移；生活上的困惑，不烦不恼，去问老师，你会得到最贴心的安慰和鼓励。我现在仍然记得，课堂上与老师眼神交流享受学习的快乐，课后追着老师问题的不舍。就是这样一群默默耕耘、无私奉献的老师为我们铺就成功之路，就是这样一群以校为家的老师与我们风雨同舟。只要我们相信老师、紧跟老师，高考路上纵然有再多的坎坷，又算得了什么？

三、学在高三，要将奋斗写在脚下

季羡林曾说，天资加机遇加勤奋等于成功。而前两者都是我们没法控制的，只有勤奋才是我们为成功增添的砝码。高中三年重要性不言而喻，因此我们怎么勤奋都不为过。作为一个高三人，我们要耐得住寂寞，下得了苦功，屁股粘在凳子上，眼睛盯着书本上。成绩是熟练程度的体现，是勤奋和积累的结果。高三火热的激情，会让你累到不觉得累，苦到不知道苦。进入高三，我们便要做学校最勤奋的人。操场上不应该再有我们闲庭信步的身影，教室中不应该再有我们谈天说地的话语。取而代之的应该是每天一打铃就急忙洗漱飞奔向操场的激情，是教室中思考背书的积极，是中午放学了都不愿跨出教学楼的付出，是每个课间都埋头学习的踏实。不要放弃任何一个知识点，因为那关系着我们的命运；不要浪费一分一秒，因为那将改变我们的人生。没有高三一年汗水的洗礼，就不会有高考后我们灿烂的笑脸。为了高考后我们不会因为一分之差而抱憾终生，现在就开始努力奋斗吧！

四、学在高三，要将简单留给自己

简单是生活的大智慧，只有简单，我们才能专注；只有专注，我们才能把事情做好。生活不会因为你是高三人就失去它的丰富多彩，而我们却要因为自己是高三人让生活变得简单。杜绝一切闲事、闲思，一心只读圣贤书。总有同学抱怨学习生活的不如意，其实许多时候这些不如意是我们自己找的。把一切问题都简单化，因为我们的目的很简单，我们只希望通过自己的努力取得好成绩，回报老师、父母，对得起自己在这儿吃的苦、流的汗。其他一切与此无关。不要让那些鸡毛蒜皮的小事扰乱自己的心，不要为打翻的牛奶哭泣，不要为不切实际的要求苦恼。学学学，把一切时间用来学习还不够，怎么会有那么多复杂的想法呢？高三一年，考试无数，如果每次成绩的进退都会让你情绪波动几天的话，那我们就没有时间可以学习了。把目光放长远，我们的目的是高考，其他一切都是过程。做好过程，才会有好的结果。抱怨过去没用，幻想未来徒劳，把握现在，简单学习，你们一定可以收获高三独有的单纯享受。

每年的 6 月，我都会看到一群志向在胸、豪情满怀的战士冲向战场。那么在出发前，让我们忘掉一切的遗憾和错过，为了一个不变的追求，怀着所有的希望和寄托，去实现每一个期待的承诺。战士们，号角已吹响，让我们向着无限美好的明天，出发吧！

姓　　　名：魏久乔
院　　　系：北京大学光华管理学院
毕业学校：绵阳市东辰国际学校
人生格言：不抛弃，不放弃！
高考成绩：645分

回望高考

不经意间，高考已经过去了5个多月。那种拼搏着做题、拼搏着改错、拼搏着记忆的日子，已经开始让人有些怀念。作为一个复读生，我经历了两次四川理科高考，在这里把从老师那里学来的和自己总结的方法写下来，希望对还奋战在高考战线上的高三学生有所帮助。

怎么学？

语文的学习是一个积累的过程，基础知识是否记得好在很大程度上影响着考试的成绩。面对看似庞杂的知识系统，我们需要做到有计划、有条理地学习记忆。把知识分为小的部分，再一部分一部分地去消灭，这样会更有效率。另外很重要的一点是，不能因为基础知识多就把时间大量花在记忆背诵上面，语文试卷上占分值最多的部分是阅读和作文，它们才是我们应该主要学习和练习的。阅读需要我们锻炼理解的能力，而作文则需要我们有更多的积累和感悟，这些都很重要。

数学学习方法的关键是理解、练习和思考，而其中练习是实实在在可以做的事情。但是练习绝对不能太多，而应该是精。做题之前先要思考一下这种题大概属于什么类型，有几种解答的方法，哪一种可能会比较简单。题做不出来也不要着急，而要高兴，因为通过这道题，我又可以掌握一种新的方法。做完之后也要想一想，为什么要这么做？为什么我没有这么做？另外，学数学时整理知识同样也很重要，一些不太常见的公式、某些特殊题目的答案都是值得记忆的。

理综的学习兼有语文和数学的特点，一方面有很多记忆的东西，另一方面又有很多理解和灵活变通的东西。因此，各科的教材都十分重要，要做到基本上教材中有的东西都要知道。我们可以准备几个笔记本，每天记几个遗忘或以往忽略的知识，这样一学期下来，肯定对教材已经相当熟悉。在此基础上加上适当的练习和消化练习，成绩自然就会上升。物理的学习则要多思考，通过画图帮助理解，认真分析物理过程，在理解的基础上可以再多点记忆，考试会变得更轻松。

英语是我所认识的大多数同学认为最为简单的科目，因为归结起来，就是记忆而已。但是记忆不单是把具体的知识记下来，还包括潜在的记忆，也就是所谓语感。我学习英语的方法很简单，就是诵读。首先是读课文，课文读熟悉后再读加上正确答案的单选题、完形填空，读阅读理解的文章，读改正后的改错题，读作文范文。在读的过程中就记住了正确的用法，养成了语感。

总的来说，高中学习就是先理解，再通过练习来熟悉的过程，只要每一步都做好了，就肯定是学好了。

怎么考？

考得好肯定学得好，但学得好不一定考得好，为了能够在考试中取得好的成绩，在学好的基础上，学会怎么考就显得非常重要了。

要想考得好，心态好是先决条件。要心态好，首先要自信，而这又是和我们的学习紧密相关的：认认真真地学习了，我们自然就会更加自信。另外，很多同学在考试的时候会很紧张，一方面这是没有自信的表现，另一方面是太注重结果。考试的时候不要想任何结果的问题，我们要想的，只有试卷本身而已，这一点在高考上更是如此。如果我们认认真真地尽量做好每一道题，那么结果自然就是最好的。还有，我觉得可以把目标设得低一些，这样心里会比较轻松，更有可能超常发挥哦。

好的心态是成功的一半。除此之外，还有考试的一些具体技巧。考每一科的时候，都要认真地读题，还有前面做过的题到后面就不要再多想。

语文的文言文翻译关键是字字对应，每一个字都要翻译出来。诗歌鉴赏时关注诗歌写了什么意象，营造了什么氛围，使用了什么文学手法，表达了怎样的感情。而语言应用题目，需要我们平时有更多的积累，并有目的地记忆一些有关联的物象，这样容易形成排比和比喻。考试之前，可以把自己以前考试中写过的好的作文拿来读读，这样写作文的时候如果一时没有灵感，也不用太过着急，可以把原来的东西转化一下，变成适合的作文。

考数学的时候，要学会一些特殊的简化问题的方法。比如，选择题的特殊值法。另外，不会做的题也要尽量地多写步骤。

对于理综，最重要的是时间的安排。理综的题偏多，如果不好好把握时间，可能最后会时间不够。还有一个科目顺序的问题，大家找一个自己习惯的顺序坚持不变就好了。我自己习惯的是先做完选择题，再做生物二卷，然后看物理和化学二卷大概的难度，哪一个相对简单一些，就先做哪一个，这样可以尽量避免题会做但没有时间做的懊悔局面。

英语最重要的就是阅读部分了。有一个方法，基本适用于各种阅读题，包括语文的科技人文类阅读和文学作品的大阅读。在做阅读题的时候，在一卷上先用笔在文章上勾画出重要的句子，包括概括性的句子、过渡的句子、表达情感的句子等，然后在做题目的时候把自己当作是傻子，除去文章内容没有其他知识，这样就不会受到常识的误导了。每个题目必须在文章里找到相同或相似的话，这样也就基本能做正确了。

在学习和考试之外，我们更加需要爱护自己的身体。不要熬夜做题，每周一定要有一个晚上的休息放松时间，要有半天的运动时间。还有就是要珍惜现在和老师、同学在一起奋斗的单纯时光，因为以后你就会发现，这段时间有多么美丽。

姓　　名：曹琦
院　　系：北京大学光华管理学院
毕业学校：长沙市雅礼中学
人生格言：非淡泊无以明志，非宁静无以致远！
高考成绩：664 分

写给高三的你

"我不去想是否能成功／既然选择了远方／便只顾风雨兼程／我不去想／未来的路是平坦还是泥泞／只要热爱生命／一切都在意料之中。"

十二年的寒窗苦读暂时画上了一个句号，金黄的夏天收获着一份份沉甸甸的喜悦。这诗意的喜悦，凝结了无数寒霜秋露，承载着无数殷殷期盼，因此我要还夏日一份感激。

踏入高三的学生，将不可避免地陷入作业和试卷的沼泽和对高考的担忧之中。高三的确充斥着苦和累，但当你成功实现梦想后，那时再回望走过的脚印，那种感慨后的巨大欣喜或许是你人生中的唯一一次，就像释放被束缚已久的心灵一样令人难忘。所以，为了不让自己后悔，就请把握好现在的每一天！

歌德曾说："生命中很重要的一点是找到一个宏远的目标，并下定决心要实现它。"因此，树立自己的目标对学习而言是一件极为重要的事情，这也是我想说的第一点，要有明确的目标意识。而一旦目标确立，人的潜能、内心的动力就会被激发，引领着你向更高的目标前进。大家可能知道唐庄宗李存勖这个人物，他的成功离不开远大的目标，因为他要报父仇，他要平定中原；但他的衰败也是源于这个目标的丧失，于是他沉溺酒色，宠幸伶人，走向覆亡。欧阳修这样评论："方其盛也，举天下之豪杰，莫能与之争；及其衰也，数十伶人困之，而身死国灭，为天下笑。"这很大程度上取决于目标的确立与否。

当然我们不能空喊口号，更重要的是付诸行动。口号谁都会喊，但这显然是不行的。而实现目标最简单的方法就是将目标分割并加以具体化。比如说你的人生目标是什么；比如说你的高中目标是什么，想考入怎样的大学；比如说这一学期你有什么目标，这个月呢，这一周呢，这一天呢，今天的目标你还有多少没完成。给自己一分目标，那就会少一分迷惘和彷徨，而会多一分充实和动力。

制订适当的计划是必要的，它能提醒你下一个目标是什么，此刻应做些什么。它能使你有紧迫感，每当你有些倦怠时，看一眼你的计划书，提醒自己：此刻付出的一切努力，都是为了自己的将来，辛苦定会有回报。尽量将计划制订得适合自己，并且应该务实。计划可以是个性化的，只要它能起到指引你前进方向的作用且具有可操作性，那就是一份合格的计划。当然，计划不能总是一成不变的，因为各种因素例如月考失利而带来的影响是必须考虑的。在每次综合性考试之后，我建议一定要进行一次自我反思总结，并根据相应问题修改自己的计划重点。

我想和大家分享的第二个词是"坚守"。学习需要持之以恒，学习的本质是一个不断积累的过程，正如现代著名新闻工作者邓拓所说："古今中外有学问的人，有成就的人，总是十分注意积累的。知识就是积累起来的，经验也是积累起来的。我们对什么事情都不应该像过眼云烟。"坚守包括两方面的内涵：坚守首先是坚持，高考可以比作一场持久战，能坚持到最后的就是胜利者；其次是守卫，要守卫住自己的内心，要甘于寂寞。心中一直有着非常优秀的传统，就是每逢周末与节假日许多同学都会来学校自修，因为与社会的喧嚣纷杂相比，心中永远是那么的静谧。我们不是伟人，因此大可不必像青年毛泽东一样捧着一本书跑到大街上去，我们只需要坚守住内心，远离浮华，踏踏实实地学习，认认真真地掌握知识，直进智慧的高地，赢得高考的伟大胜利。

我还想和大家分享的一个词是"方法"。我们一再强调勤奋学习的重要性，但单单勤奋是永远不够的。勤奋对高考而言是个必要不充分条件。就拿我们班来说，最勤奋的同学在高考中并不是最出色的，而那些成功者除了勤奋，更重要的是他们还探索出了一条适合自身的学习方法。学习方法并不是一成不变，它是因人而异的。比如，记忆知识点有最简单的学习方法，那就是反复。一次记住的人是天才，但毕竟绝大多数人不是天才，我们只能用更多的次数去记忆。比如一篇文言文，你完全可以每个早自修都用心诵读几次，这样过一周，还愁背诵不了吗？

当然每门课的学习方法是略有不同的，接下来我就简单讲讲我对各门课学习方法的一些理解。

对于语文，我认为最重要的是平时的积累，重视每一个细节，认真地完成每一次作业。同时多做阅读，归纳出一般的方法与答题规律。还要做好读书笔记，为作文准备好素材。对于数学而言，要多做经典题型，多思考错题，多进行知识归纳。而对于英语，也要多做题，扩大阅读量，重视基础与错题，多向老师请教。政治学科与历史学科要重视课本的作用，而地理也要重视基础，多读图，必要的地方多想多做题目来锻炼自己的思维能力。

最后，我还想和大家分享一个词语，那就是"平和"。拿破仑·

希尔曾说："这个世界上没有任何人能改变你，只有你能改变自己，也没有任何人能够打败你，也只有你自己打败你。"

讲一个小故事：弗洛姆是一位著名的心理学家。有一天，学生们向他请教一个问题：心态会对一个人产生什么影响？弗洛姆没有正面回答，他只是微微一笑，把学生带到一个黑暗的房子。在这个伸手不见五指的房间里，他引导学生一个个从一根并不宽敞的木桥上穿过了这个房子。等学生们全部过完以后，弗洛姆打开了房间的一盏灯，在昏暗如烛的灯光下，学生们一个个吓得目瞪口呆，出了一身冷汗。原来，这间房子的地面是一个很深很大的池子，池子里有一条大蟒蛇和几条毒蛇，正高昂着头，"吱吱"地向他们吐着舌头。而他们刚才走过的桥，正是架在这个池子的上方。弗洛姆望着他们，问道："现在还有谁愿意再次走过这个桥吗？"学生们面面相觑，都保持沉默。过了片刻，终于有三个学生犹犹豫豫地鼓足勇气站了出来。其中胆子最大的一个学生小心翼翼地移动着双脚，虽然走完了桥，但速度比第一次明显慢了许多；第二个学生战战兢兢地踩在木桥上，好不容易走完了一半，却再也不敢往前；第三个学生则弯腰趴下，慢慢地从木桥上爬着前行。之后，弗洛姆又打开了房内的另外几盏灯，强烈的灯光一下子把房间照得如同白昼。学生们意外发现木桥下面其实有一道安全网，网离蛇还有相当的高度，网线也很牢，先前只是因为光线暗淡，他们才没有发现。弗洛姆接着又问："你们当中还有谁愿意现在就通过这个桥吗？"学生们齐声答道："愿意。"然后，大家轻松地排队走过了小桥。弗洛姆微笑着说："我可以解答你们的问题了。这桥本来不难走，可是桥下的毒蛇对你们造成了心理威慑，于是，你们就失去了平和的心态，乱了方寸，慌了手脚，表现出各种程度的胆怯；而一旦心态恢复了平和，又可以轻松地走过。这就是心态对人行为的影响。"

高三作业会很多，时间紧而精力有限，而且周围可能会出现一天

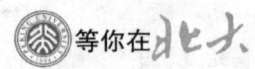

能做十套试卷的刻苦同学，有的人因此自尊心受到极大打击，甚至还会有没怎么用功却每次测验都名列前茅的人，那是更大的刺激。其实不必在意，高三人人自危，各人有自己的复习方式。只要掌握自己的学习作息规律，迈出自己最舒服的节奏，稳定自己的心态就行。如果看到一个学习方式就学一个，只会事倍功半，最后一团乱麻。

因此，在学习中，平和的心态是面对狂风暴雨时的一剂强心剂，它能让你变得睿智、豁达，让你笑看考场、笑看人生。面对一次又一次的考试，平和的心态可以让你游刃有余，可以让你临危不乱，当然前提是你很好地掌握了知识。做到战略上藐视考试，战术上重视考试，那么高考阵地上胜利的红旗将永远为你而升起！

最后我想送给大家一句话，是鲁迅先生说的："希望是附丽于存在的，有存在，便有希望，有希望，便是光明！"

姓　　名：曹子聪
院　　系：北京大学中国语言文学系
毕业学校：广东茂名市第一中学
人生格言：追随心之所向，世界因你不同！
高考成绩：675 分

梦如夏花，绚烂怒放

　　走过梦圆六月，走进秀美燕园。漪漪未名，巍巍博雅，在名校里求学是一生的幸福。在这里，就备战高考、冲刺心中理想大学说一下个人拙见，与在追梦路上的学弟学妹们共勉。

　　一、身体，拼搏之本

　　分数诚可贵，梦想价更高，若无好身体，二者皆幻影。很多同学特别是女生争分夺秒复习时往往忽略了身体健康，这有点因小失大。很多人不是不知道好身体对生活与学习的重要性，而是总给自己找不行动的借口。

　　高三是一场长跑。体能好不仅可以使学习时间更长、效率更高，而且可使复习后期冲刺的后劲更足。高三时，我基本上每天傍晚都会在学校的田径场上慢跑五六圈，一边跑一边听校园广播里放的歌曲（有时自己带 MP4 听自己喜欢的音乐），或者和同跑的朋友聊天。六圈不知不觉间就跑完了，而且不觉得累。最重要的是，跑完后整个人会觉得心情愉快、头脑清醒。

你渴望考场上正常乃至超常发挥吗？你渴望梦想成真吗？那就行动起来吧。积极锻炼，你收获的不仅是健康，还有心中的梦想！

二、战略，拼搏之策

高三备考冲刺，有很多的战略思考。这里我挑选一些个人感觉很实用的战略结合某些科目说一下。

1. 保本

这里的"保本"保的是每科那些我们最应该拿的分数。比如，语文考试中前面的选择题、古文阅读、默写属于基础内容，这些题的分数可以看作语文成绩的本。本保住了，语文成绩的底线也就保住了。再如，数学试卷前面的选择题、填空题、第一第二道大题，这些题目的难度都偏于基础和中等，但分数却占了试卷总分的绝大部分。其他科目可照此类推。根据分数成本学，考试时间是一定的，高考排名是算总分的，我们应该用最少的时间去争取最多的分数。每一科的基础分，训练得当的话，不用花很多时间就可以取得。以数学为例，后面的大题要花很多时间才能完全做对一道题，但做对两道选择题则容易很多。

对基础不太好的同学来说，保住基础分，总分就不会低到哪里去。对基础较好的尖子生来说，想要拿高分的第一步就是稳拿前面的基础分。一个尖子生如果考数学时前面错了一道选择、一道填空，就算后面的分全拿总分也不会很高了。保本战略提醒我们平时训练要注重基础，这样才不会丢掉一些很不该丢的分。另一方面，基础很稳固的话，也就为后面的大题难题奠定了基础。

2. 考后复习

高三会有大大小小的模拟考，我们的复习计划和节奏常常会被考试打乱。让我们首先明确高考前任何月考和模拟考的意义：检测我们的薄弱点和知识模糊点，查漏补缺，从而为往后的复习和高考做更好的准备。大多数同学为了考好月考或模拟考，习惯暂时中断既定复习计划做专门的复习。个人觉得，一来打乱计划和节奏会破坏复习效果，二来也违背了测试的初衷。平时的大小考，考前顺其自然不复习，可以更好地暴露我们的问题所在。越早发现薄弱的环节，考后加以巩固和专题训练，可以使我们的知识盲点越来越少，高考正常发挥的概率也就越大。平时犯错的代价很小，但一个小小的失误在高考考场上也许就是自己心仪的大学和别的大学的区别。除此之外，这种做法还可以帮助我们培养淡然处之的良好心态。须知，在高考考场上，淡然的心态是完美发挥的关键。

三、战术，拼搏之器

工欲善其事，必先利其器。好的备考方法可使我们的复习事半功倍。在这里选取一些个人较有体会的学习方法和学弟学妹们分享。

1. 合作学习

非洲有一句谚语：如果你想走得快，那就一个人走。如果你想走得远，那就一起走。在追梦之路上，我们不仅要走得快，更要走得远，而合作学习可以让我们走得更远。高三我们需要做大量的习题和资料，但每个人的时间和精力是有限的。这时可以采取如下的方法：就某一科（或某一专题），比如数学，和另一位同学约定，两个人做不同的两套试卷（或其他资料），但把各自的答案写在专门的本子上（保持试卷整洁）。双方做试卷的同时注意把认为很有价值的题目做好标记，等做完试卷后，双方交换试卷做对方试卷上有标记的好题目，并且可以就里面的题目进行交流，也就是思维碰撞。这样一来，我们不仅可以用较少的时间做更多有价值的题目，还能分享到他人的解题体会。有些同学可能会觉得大家在考场上都是竞争对手，这样做不是增强竞争对手的实力吗？同学间是存在一定的竞争性，但竞争的最高境界是共利双赢。独学而无友，则孤陋寡闻。合作学习、分享交

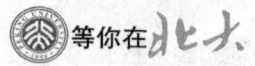

等你在北大

流，适用于各科，可以让我们走得更快更远，更靠近心中的梦想。

2. 专题突破

我们每一科都是优势区与薄弱区共存的，而薄弱区意味着进步的空间。专题突破就是在花一定时间继续保持优势区的同时，仔细分析自己每一科薄弱但又较容易突破提高的地方，制订专题突破计划。专题突破可以采用"定科、定时、定量"的方法，就是每一天就某一科某个薄弱的专题内容花定量的时间来专门复习和训练。专题突破的关键不在于一天做很多题，而在于每天都按计划做，直到该专题掌握好之后再换下一个专题。水滴石穿，贵在专一和坚持。专题突破也如是，需要意志来坚持，但回报是巨大的。梦想是天空，奋斗是翅膀，带着我们轻舞飞扬。追梦人，在路上，路无涯，梦不落！愿学弟学妹们的梦如夏花般，绚烂怒放在阳光灿烂的六月！

姓　　名：薛　萍

院　　系：北京大学信息科学技术学院

毕业学校：天津市南开中学

人生格言：宝剑锋从磨砺出，梅花香自苦寒来。

高考成绩：665 分

走过高考

在微有寒意的清晨，我喜欢漫步在北京大学未名湖旁，去感受那一份独特的静谧，去体味思考生活的深邃。而仰望博雅塔，又让我的心中升起一种拼搏的力量，一种探索真知的勇气。

是什么让我有机会欣赏到这一切？是高考，是这个在许多人眼中十分恐怖的高考，给了我进入燕园学习这难得的人生经历。回想已然过去的高三岁月，我知道自己是幸运的，因为我不仅走过了高考，而且战胜了高考。我只想借这篇文章把我在高三中的一些收获体会和大家分享，如果其中的些许经验可以给学弟学妹们一点启示，也就是我这篇文章的价值所在了。

一、用目标发掘潜力，要相信奇迹

现在正是新一年高三复习的开始，大家正在对以往的学习方法进行调整，以适应高三紧张的复习节奏。在这里我想说的是，高三是一

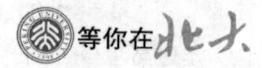

个十分特殊的时期，信心很容易动摇，所以在高三的开始，需要给自己一个学习的模式，或者说是一个定位，一旦确定，就要相信自己一定可以在未来的一年中达到。这个定位可以不具体，也不建议过早为自己定下诸如考上某某学校的目标，但是可以对自己进行客观估计，比如，以个人学习的能力，各门学科应该可以达到怎样的水平。这时的估计一定要客观，不能好高骛远，也不要过分轻视自己，目标要切实可行，是对自己真实能力的估价，不是凭某一科一两次的成绩来判定。一旦这个方位确定了就不要再怀疑，坚定自己在高三的目标就是达到它，而且一定能达到，这样不论以后自己在各种考试中考得怎么样，都不会丧失信念。如果你们对自己还没有一个定位，那么我建议你们先暂时抛开作业和试卷，静下心来好好想想这个问题，绝不要轻言放弃，不要以自己的现状为标准，要用目标去发掘潜力，相信一年的时间足以创造可能你此刻还不敢想象的奇迹。

我在高三前是给自己这样定位的：任何知识，只要我想学，就一定能学好。其实，在后来的多次月考中，我也常常有考得很不如意的时候，觉得很沮丧。但是，我认为考试的分数不能决定什么，是否学好这门课，不是以某几次考试的分数作为衡量标准的。考试的意义在于，在每次考试中注意发现自己掌握得不扎实的地方，及时改进。于是，对各种考试，我树立的目标是：争取做对会做的题目，只要比之前的自己强，就是成功。有些同学把考试看得很重，怕自己的分数不如别人的高，其实这种想法是不对的。考试是自己的事情，是来检验自己学习的情况的，尤其是高三复习，从考试中获得经验是最重要的，至于最高分是多少，我比最高分少拿了多少分，这些都不是最重要的。

二、学习效率 > 学习方法

很多同学可能认为，成绩好的同学一定是因为有了好的学习方法才能如此优秀。当然这一点是可以肯定的，可是就借鉴的角度讲，其他同学的学习方法不一定完全适合自己，有时候盲目的效仿反而会造成学习效率的下降，甚至会动摇信心，而信心恰恰是在高三阶段最重要的。所以我认为，学习效率是更为重要的，其他关于学习的方式、方法、时间安排等，那都是因人而异，我建议大家可以去找找自己的老师，请他们帮助分析一下个人的实际情况，然后摸索出一套最适合自己的学习方式，毕竟老师在这方面的经验是非常丰富的。

关于学习效率，我想说保证上课时的听课状态是最重要的。因为各学校高三把关的老师都十分有经验，他们的复习课都是多年积累的结果，很有提点和指导的作用。课上的知识吸收效率高，就会大大减少课下自己复习基本内容的时间，把更多的精力用在弥补自己不熟练的知识或是总结知识架构上。所以，建议高三的复习一定要跟着老师走，把握主线知识，才能事半功倍，避免把大量的时间放在钻研难题偏题上。

还有，提高效率的另一个方面就是要找到解决问题的最佳方法。很多同学到了高三，通过复习觉得自己知识上的漏洞很多，却没有时间弥补，又忙着去做更多的题，这样恶性循环下去，漏洞会越来越大，学习会变得更加困难。我总结的方法是：每天都解决一些小问题，而不是等问题积攒起来再去解决。有很大块的整体知识不熟练，就拿出某个整体的时间集中处理，把问题通过练习或是参考书彻底解决。这样的分散与集中处理解决相结合的方法，对我的问题解决很有效果，相应地也就提高了我的学习效率。熟悉我的人都知道，我不是一个能坐在那里一直学个不停的人。我觉得，人在问题很多的时候心态是很不稳定的，如果这个时候还要硬着头皮去解决，效果可能不佳。所以当我觉得这些麻烦积聚太多、问题十分棘手的时候，我会选择读自己喜欢的书、听歌、打羽毛球或是看一些能使人放松的娱乐节目。这样做看似浪费了宝贵的时间，其实在短暂的休息调整后，再投入到学习中来，感觉更加容易集中精力，解决问题也就更加轻松，效

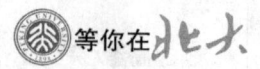

率反而更高。总之，我还是建议大家在问题多而棘手的情况下去换换脑子。

三、要有应对高考的平常心态

其实说了这么多，和考试相关的才刚刚开始，因为我认为在高考中最终决定成败的往往就是考生的心态。没有好的心态，应有的水平不能正常发挥，不仅身边的人觉得遗憾，自己也会十分内疚。天津每年可能有几百人有能力冲进清华、北大，但是最终却可能只有几十个人冲上去，为什么呢？其实就是一些人没有摆正考试的心态。那么，怎样才能对高考有一个正确的心态呢？

首先，正确地看待高考结果很重要。高三前我给自己一句话：我只要求我的高三，无怨无悔。我只希望在这之前的每一天、每一分钟，我都在为高考这件事努力拼搏，只要做到了这一点，不管最终的结果是不是达到了我的目标，我都不会感到遗憾。所以，当我坐在高考考场的时候，我有一种兴奋的感觉，终于可以把自己一年来的复习成果拿出来检验，结果已经变得不重要了，因为之前的我已经尽力，我要做的就是接受任何结果，然后以这个结果为起点，继续为人生书写篇章。高考毕竟不是人生的终点，而且它的偶然性很大，其结果也说明不了什么根本性问题，发展的路子还有很多，不一定要死守着高考。至于参加高考，只是一段人生的经历，不是有人说"没有经历过高三的人生不是一段完整的人生"嘛。这样想了之后，心态也就放松下来了。

而考试前的"应战计划"对缓解考试紧张也非常有效果。例如，在平时考试中注意发现自己的特点，大致分布下时间。还有诸如：如果遇到不会做的题应该怎么处理？一直想下去还是放过？要是决定想，可过了一段时间还是想不出怎么办？等等之类的场景、问题尽量都要设想到，并摸索出适合自己的解决方法，这样再遇到这些问题时就不会那么紧张了。

　　有的同学可能会有这样的困扰，考试时总怕时间不够用，生怕题做不完，于是拿到卷纸后就拼命做。结果却往往容易给自己酿成无可挽回的错误，就好像连锁反应一样，一题错，题题错。其实，我认为高考的时间安排还是比较科学的，完全没有必要总担心时间不够用。如果考试时你不是总着急，而是在做每一道题的时候都保持平静，虽然也可能做不完所有的题，但最起码你不会在自己已经做烂了的题上丢分，所以两相比较起来，就算你没有把所有的题做完，但被扣掉的分也一定不会很多。

　　同学们，相信你们每个人都是一份等待开启的精彩，祝愿你们在来年的盛夏可以实现自己的理想，走入理想的大学校门。

等你在北大

姓　　名：吕帅
院　　系：北京大学社会学系
毕业学校：辽宁省实验中学
人生格言：为中华之崛起而读书！
高考成绩：624分

浅谈文科学习的记忆与思维方式

无论我们对高考采取什么样的态度，现实已经决定了它在我们生命历程中的重要性。此前关于高考的经验和建议早已多得难以计数，在此，我不打算面面俱到地论述学习方法，而只是想开门见山，将自己觉得受益颇深的有关记忆和思维方式的经验介绍给学弟学妹，希望能对大家的学习生活有所帮助。

一、"好记性"与"烂笔头"

在高考备考（特别是针对文科同学）过程中，对知识点的记忆是理解学习内容、回答考试问题的基础。大家都想寻找出一种既高效又扎实的方法，以求能在最短的时间内将需要"死记硬背"的知识点收入自己的大脑之中。因此记忆方法成为大家关注的焦点之一。

提到记忆方法，想必同学们很容易想到这样一句俗语，叫作"好记性不如烂笔头"。这句古话所强调的是踏踏实实地抄写所要背诵的内容对记忆所起到的巩固作用。许多同学从这种方法出发，将书本上的句子甚至段落一字不差地抄写下来，希望强化背诵的效果。我也曾尝试使用过这种方法，遗憾的是其效果并不尽如人意。我认为"抄写记忆"的主要缺陷如下：

特别耗费时间：这个缺陷是显而易见的。

抄写过程中注意力不在"记"而在"抄"上：在我的"抄写记忆"尝试中，明显感觉到大脑的注意力不在整句话的内容，而偏离至正在抄的字或词上。

造成知识点的破碎：由于抄写的时间很长，甚至在一句话的结尾处都无法想起这句话开头的内容，更谈何成体系的记忆？

显然，"烂笔头"的缺陷在于投入与产出的不成比例上，另外这种拉长记忆时间的方式也并不适合那些需要系统背诵的文科知识点。对此，笔者的经验是：多看、多画、少抄。

我们的史地政教科书，即使用最为精练的语言，也无法避免出现一些用于前后衔接的"鸡肋文字"。尤其是历史学科，大段的文字和图片交织在一起，很容易让人找不出系统的脉络和体系。因此想要掌握要点，必然不能不分青红皂白地抄下来记忆。我认为在看这些教科书时（特别是在对某章乃至全书的系统复习过程中），可以使用"看而画之"的方法，具体步骤如下：

"走马观花"似的看第一遍。这一过程中不要过分重视细节，而是大致了解本章所讲述主要问题（或事件）的概况，并用较为明显的笔迹将其分条在书上直接画出来。

较为仔细地看第二遍。这遍所关注的重点是段落中的"点"式知识，即细节。此时一定要确保将每个"点"都看过一遍（但并不需要有意识地去背诵），并力图形成印象，使得在其他地方见到这一知识点时能大致想到教科书的这一位置。这个过程可以重复两到三遍。要注意"全"和"快"，以重复来克服"不精"的缺陷。

— 171 —

做一些选择题，并将错误率较高的知识点标记出来，在书中寻找对应文字。

类似于第一步的方法，再次"走马观花"地看书，力求流利地阅读并在大脑中形成本章知识框架。

有的同学可能会有疑惑，怀疑这一方法是否仍然会耗费大量时间。事实上，反复并快速地翻阅教材（前提是用心阅读），不仅能够形成前后连贯的知识框架，还能对所确定的重点产生较为深刻的印象，同时并不会占用很多的时间。经历了这一系列过程，知识点会变得清晰起来。比起"全盘抄写"或"表格式记忆"等方法有更好的连贯性和系统性，有利于大家对知识的记忆和思考。

二、将逻辑思维运用到文科学习中去

文科（史地政）学习常常被人们误解为"记忆的比拼"，认为其注重形象思维而不太需要逻辑思维。然而相信大家在以往的学习和考试经验中已经注意到，光凭记忆显然无法应对大多数的试题。近年来高考文综命题的趋势逐渐向"活学活用"方向发展，主要考察我们对事情的分析、归纳和思考能力。因此正如老师们所说，我们需要对知识点的"理解"，才能真正学懂这一内容。我认为，所谓对知识点的理解，事实上便是要将逻辑思维运用到文科学习中去。这一思维既包括因果性的逻辑，又包括并列性的逻辑。

例如，在历史科目的复习之中，我们经常用到"根本原因""直接原因""背景环境"等词汇和概念。如果我们能抛弃对这些东西的死记硬背，而代之以清晰的因果逻辑的线索，掌握其中"经济""政治""文化"方面的规律，便可以轻松地弄懂一类历史事件发生的逻辑："根本原因"通常是经济需要和阶级差异，"直接原因"往往类同于事件的导火索，"背景环境"则需要从经济、政治、文化多角度进行分析，找出与主题相关的内容等。这体现的是因果性逻辑思考所带来的方便。

再如，政治科目中的一些知识点，通常是从不同角度对某一问题进行辩证地分析。这些不同角度可以被视为并列的关系，通过从社会生活的不同方面出发，对所要回答的问题产生完整、全面的认识，这样方能覆盖题目中的得分点，获得较好的成绩。这体现的是并列性逻辑思考所具有的优势。

逻辑思维还适合于对文科的试题进行归纳和总结。细心的同学可以发现，我们的教科书事实上都是以一定的逻辑顺序对某一知识点进行论述（尤其体现在历史和政治科目上）的。而对之进行逻辑思考的目的就在于提取出其中的精华，以做到举一反三，系统地掌握知识要点和答题方法。

前面所说的都是比较"功利性"的复习方法和应试技巧，最后我想补充一下关于备考心态的问题。我认为适度的紧张和压力有利于学习的进展，但前提是这种压力来自于自身而非外在。获取这样的压力（也可以说是动力）最好的方法是确立明确的目标和树立足够的自信。目标虽不能过分脱离实际，但一定要定在较高的位置，方能对自己产生更大的激励作用；自信虽不能演变成自大，但可以适当"狂妄"一些，才能鞭策自我向更理想的方向发展。

以上有关学习方法和态度的建议或许是"老生常谈"，但确实是我在实践中检验出的真正有效的经验，希望学弟学妹们能够从中获益。另外，更重要的是开发属于自己的一套方法，方能在高考的考验之中取得满意的成绩！

姓　　名：邰 楠
院　　系：北京大学中国语言文学系
毕业学校：吉林省九台市第一中学
人生格言：只有这样的人才配生活和自由，
　　　　　假如他每天为之而奋斗。

高考成绩：626 分

此间盛放，彼岸无花

寒风凛冽，未名湖的水波澹澹已凝固成冰封的浪漫，展现一派清冽而耿介的风情。在冬日的燕园里悠游，抬头看清洁透明的阳光穿越枝丫停憩在掌心，时光就会拉扯着回忆往回走，定格在一年前那个散发着馨香的严冬。一年之前怀着无限憧憬和感动、因踏足梦土而激动忐忑的女孩此时此刻已雏燕入园，调朱弄墨，为梦想着色。

因为有过企盼，所以深知梦的重量；因为有过拼搏，所以明白青春无悔之所在。我们都是此岸望向彼岸的小小少年，在梦想与现实之间拼搏挣扎，意欲用汗水与泪水平衡二者之差重，涉水而过采摘彼岸蒹葭苍苍。其实，在你紧咬牙关表情坚毅地行进在征途中时，彼岸之花早已在手中盛放……

作为一个以回望姿态注视高考的"过来人"，经常会被问起如何把握高三，决战考场。回想我的高三，真是刀枪剑戟、铁马冰河的一年啊！但那段"兵荒马乱"而又落英缤纷的岁月注定不会在记忆中黯淡成模糊的背影，相反却成为我生命永恒的底色。所以，我想说，既然你无法拒绝高三，那么请享受它。也许朝五晚九数不清的习题作业令你身心疲惫，三天一小考五天一大考的摧残令你叫苦不迭，但是，请记住，这是通往理想的必经之路，不能绕道亦不能退缩，那么何不微笑面对，有时你需要的仅仅是换一个态度。忘掉"地狱"之类的可怕字眼吧，不要自己主动去戴上一副精神枷锁，平添畏惧和压抑。其实在这一年的奋斗中，得到的远比失去的多，喜悦与感动远比悲伤和迷茫多。对父母和师长的感激，与朋友互相鼓励的温情，每一次考试成绩都有提升哪怕是再小的幅度……这一切的一切都会为你的高三粉刷上一层温暖而令人动容的色彩，就像我现在仍时时记起好友那一封封暖融融的短信和父亲每晚牵我回家的一双暖暖大手……请相信，只要你选择以积极的心态去面对，每一滴汗水和泪水都会熠熠生辉。

好的心态是催生种子的温床，花朵的绽放终究需要垦殖与培育。"脚踏实地，相信自己"是我一直以来奉行的学习态度：脚踏实地，是要求你在日常的学习生活中要踏实勤恳，"担月荷锄归"；相信自己，则是在考场上需要有的心理素质，"坐看云起时"。正如深邃的大海总是寂静无波的，真正的道理也往往不需要言辞的点缀，这两句话极尽朴素简单，但遵之行之亦会觉得艰难。

见了太多心里揣着道理嘴上喊着口号成天把目标与梦想挂在胸前但从不踏实下来看上几页书的孩子。他们有许多想法，但总来不及去实现；他们有很多远大的目标，但似乎永远与之相隔一段迷雾的距离。孔子言"君子敏于行"，若无"行"，任你说得天花乱坠，想得长河落日，知识也不会主动跑来任人认领。也见了太多课上认真听讲作业几近完美平时成绩漂亮但在考场上就丢了自己的孩子，他们熟记书本上的每一个公式、每一段定义，他们总是老师的宠儿、同学们艳羡的对象，但是，当坐在考场上的时候，却被紧张的气氛扼住喉咙呼吸困难，最终遗憾离场留下双手抱头低垂的落寞背影……久而久之，潜意识里就有了对考试的畏惧，再想在高考中表现出色已经是不可能了。付出与回报不成正比，这似乎更令人悲哀。

所谓"决胜高考"，比拼的就是对于知识的掌握以及考场上的心态与发挥，所以，请脚踏实地学习，并且相信自己的努力。在日常的学习中注重点滴的积累，对每一个细小问题都要"大珠小珠落玉盘"般的清明无碍，不留疑惑，绝不能似是而非、得过且过，对待知识要有严谨认真的态度。事在人为，如果已经不留遗憾地付出，那么自然没有理由去惧怕那薄薄的一张考卷，它会比你的书本厚重吗？会比你的头脑灵活吗？平和、自信地去面对，遇到障碍切记不能自乱阵脚，如果心先乱了，整个答题节奏就都杂乱无章了，看每一道题都似曾相识却又无从谈起，"执手相看泪眼竟无语凝噎"，这是考场上的大悲剧。

花已栽植，静待折摘。十年磨一剑，数载寒窗尽在高考一搏。说起对于高考之经验体会，我想，那是我一辈子都难以忘怀的宝贵经历：在第一天的考试中我语文发挥平平，但数学表现出色，我总结数学考试成功之所在就是一个"稳"字，基础题要做对，那么即便难题力不足矣，分数也不会难看。文科综合成绩一直出色的我在第二天的考试中遭遇了滑铁卢，从第一道题便开始心慌气短，答整张试卷完全不在状态，出了考场看见等候在外的父亲就失声痛哭了。成绩公布后，文综分数果然惨不忍睹。后来总结失败教训，想来皆由心态不好所致，有一些题目只要能够静下心来仔细审题、多想几遍，亦不见得困难。虽说文综受到重创，但是我及时调整心理平复情绪，下午的英语考试顺利完成了。在日常的考试中都不能奢求门门出色，更何况是在高考考场呢？两科发挥正常，另两科失常，那么总体上便是"功过相抵"了，也算是"失之东隅，收之桑榆"。

　　回顾那个难忘的 6 月，我想说，对待高考一定要有平和的心态，无须畏惧或是紧张，不要因为某个科目发挥不理想而影响整体心态，万事切勿求圆满。只要你努力付出了，结局一定会是春暖花开，它不会辜负你。

　　彼岸芳草鲜美，彼岸风清月朗，坚定信心走下去，必有十里花海、百万骄阳静候。青春是一个奋斗的过程，在你无悔的行进中，梦想之花已在你掌心停驻、盛开，我们想要得到的其实早已安睡于行囊之中了。此间盛放，彼岸已无花。

姓　　名：刘凯

院　　系：北京大学基础医学院临床医学八年制

毕业学校：湖北省红安县第一高中

人生格言：非淡泊无以明志，非宁静无以致远！

高考成绩：674

如歌的高中回忆

回首高中岁月，已经好几个春秋了。

还记得那个青涩的少年，在佩戴白底红字的校徽时的自豪，那种感觉恍然如昨。每当徜徉在北大，古色古香的教学楼，温情脉脉的未名湖，古朴庄重的博雅塔，无不荡涤着人的心怀。而最吸引人的，则是这里的学术气息，这片校园中，流动着的是历代名师先贤的丰厚学养和人格操守，活跃着的是青年学子的青春朝气和闪光才智。

这里是一片盛装着思想的圣地，这里是一片浩瀚深邃的海洋。每到一年一度的高考，我就会回想起高中那些奋力拼搏和紧张备考的情景。我很庆幸自己能够在高中把自身的潜能尽量多地发挥出来。我也希望用我的经历告诉学弟和学妹们，把北大作为自己的理想，并且全身心地投入进来而为之拼搏，是多么值得的付出。

要想做到全身心地投入，首先需要保证的是坚定的勇气信念、端正的学习态度和稳定的心理状态。在平时的学习中，要明确自己的目标，知道自己的优势和弱势，并且做长期的调整和准备，不要只是着眼于一两次的考试成绩，而要有一种"不以物喜，不以己悲"的心理状态。记得我每次考试之后，必须要做的，就是结合考卷的情况，把前一段时间的学习进行一个系统的总结，这样，就能够知道自己下一阶段如何努力。稳定的心理状态非常重要，很多人因为不能摆正心理状态，不仅平时的学习效率大受影响，到了最后的临场发挥也很成问题。我认为我的成功，很重要的经验就是能够保持好的心理状态，能够不为平时的小得小失而沾沾自喜或者否定自身。

具备了良好的学习状态，科学的学习方法就是通向成功的阶梯了。适合每个人的学习方法不尽相同，但是不论何种方法，都需要一种持之以恒的决心和毅力，毕竟学习不是一个一蹴而就的过程，需要的是日积月累的坚实步伐。下面我就结合理科的学习，来分享一下自己的学习方法吧。

语文的学习最关键的是要靠平日的积累，需要多看书，进行广泛的阅读来扩充自己。这就是"腹有诗书气自华"。平时看的书和读的文章多，自然能够从中汲取精华，成为一种语言素养甚至气质，下笔就自然能写出好的文章来。尤其现在更注重素质教育和全面培养，拥有广阔的视野和知识面显得更加重要。光靠课内的语文学习，已经满足不了需求了。我自己从小就有阅读的好习惯，各方面的知识都有兴趣去了解。我平时也喜欢读各种文学作品。尤其是进初中读了《红楼梦》，感觉自己的人生顿时被打开。写作文的时候，我都会展示出自己的广泛阅读，尤其是不忘《红楼梦》。记得高中语文老师打趣我是"言必称红楼"。虽然学的是理科，但是语文一直是我的强项。所以，我给大家的建议是，语文学习没有什么捷径，平时要注重积累，积累一分就会有一分的成果，日积月累一定能取得长足的进步。针对作文，平时也应该根据个人实际情况抽时间来动动笔，写一写。一段时

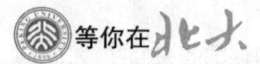

间以后，语文学习一定能变得轻松。

因为都是语言学习，英语跟语文有很多共通之处。学好英语不能光靠背单词、记语法，同样，平时的积累很重要。与其平时抱着单词或者语法书，不如抽时间多读一些英语文章，这样既能扩充词汇量、熟悉语法知识，还能培养出良好的语感来。语感对于解题尤其是阅读而言，是非常重要的。学习一门语言，要以应用为着眼点，这样在考试面前，就能更加游刃有余。我在高中的习惯是，每天抽出固定的时间来学习英语。语言的学习最怕生疏，一旦生疏，就很容易陷入被动，失去语感。而要防止这种生疏，就必须制订相应的计划，保证固定的学习时间。英语的学习，一定要养成自觉的习惯。听力不好，就每天坚持听；阅读能力有待提高，就要舍得花时间来进行阅读。相信如果能充分利用起时间来，弥补薄弱，加强优势，不出半年，你就会发现不小的进步。

数学和物理放在一起说吧。这两科都偏重于理解，只要能真正理解，记忆就不成问题，甚至所有的公式和定理都可以自己推导出来。学习这两门学科最重要的就是理解，千万不要尝试着去死记硬背。因为即使你能把那些公式定理背下来，你也未必能够真正地理解它，更谈不上能够举一反三、灵活运用。只有自己能够尝试推导，做到了真正的理解，才能做到不论它怎么变通，都能把握精髓。另外，对于数学和物理而言，我虽然不推荐一味做题，但是讲求一定方法至上的"题海"战役是必要的。题目做得多，对知识就能更加熟悉，自己的思路错误和解题失误也都能暴露得更加充分，长久坚持下去，也自然能提高解题的速度和效率。当然，"题海"是需要讲究一定方法的，那就是每保证做一道题，就都能有所收获，尤其是自己做错和解答不完善的题目。

化学和生物这两科，对记忆的要求相对比较高。当然它们也要求理解，但是记忆本身更是不可或缺的。要强化记忆，也无非从两个方面来解决。其一，对于课本要不断温习，尤其是课后要多次复习，这样保证基础能够牢固。其二，学习完一定的内容，要配以适当的练习题目，这样所学的知识才能记忆更深刻。另外，化学和生物这两科偏重于实验，考试题目也会大量考查实验内容。因此，做好实验，记牢实验现象非常重要，甚至可以以实验为线索，来组织化学和生物的学习。

高中的生活虽然紧张，但是也并非很多人眼中的炼狱。不要因为紧张的学习而磨灭掉自己的个性特点和兴趣爱好。平时一定要有自己的方式来放松自己，比如，听听音乐、看点闲书、体育锻炼都可以。尽管"一寸光阴一寸金"，但是"磨刀不误砍柴工"，把自己搞得太疲惫，是不利于让自己保持高效的学习状态的。

高中时代是人生中最敏感、最容易幻想，且最有热情、最有激情的时期。高中生涯是人生中一个化茧成蝶的过程，勇敢迎接挑战，不断锻炼自己，义无反顾地拼搏，心如止水地耕耘，相信大家一定能迎来灿烂的绽放和快乐的飞翔，也相信这段洋溢着青春和朝气的高中岁月，一定会成为永远萦绕的美好回忆！

姓　　名：黄攀伟

院　　系：北京大学中文系

毕业学校：北京市牛栏山第一中学

人生格言：学之所得，不知多于知；学之所求，不信重于信。

高考成绩：624

高考数学全攻略

　　数学、语文、英语这三大科共 450 分，是高考的重中之重。无论是文科生还是理科生，都必须把握好这三大科，否则想要取得最理想的成绩是没有底气的，因为我们都知道：这三科的成绩在一定程度上就决定了高考的成绩，其中有一门成绩不理想，就会影响整体成绩。

　　下面我就将详细地介绍一下我作为一名文科生，是怎样学习数学这一科目的，以及在最后的高考冲刺阶段，同学们应该怎样突破和复习。

　　就数学一科来说，想要达到质的飞跃，第一点必须要有量的积累。我在上高中之前，数学成绩虽然一直都不错，几乎没有低于过 110 分（中考数学满分 120），但是我自己知道其实我并没有学明白，只要出题人稍微变换一下题型，我就会不知所措、无法应对。上高中以后，我们的数学老师是北京市数学奥林匹克教练员，对我们也展开了魔鬼式的训练。上课的时候，他可以一节课讲 8 道大题，也可以一道题讲 8 种方法；课下的作业是每天一张练习篇子，上面 9 到 12 道题不等。为了这 9 到 12 道题，我几乎每天把所有的晚自习时间都花费在了上面，甚至会因为有不会做的题不得不回到宿舍挑灯夜战。这样坚持了一年，我的数学成绩勉强维持在 130 分左右，但是依然觉得学得不够透彻，总感觉不能自己驾驭那些试题。到了高二的时候感觉稍微好了一些，经过沉淀和积累，数学基本上可以达到 140 分。真正的爆发是在高三，所有新的知识都已经讲完，由于高一、高二的基础扎实，高三进入复习阶段，之前培养的对试题的敏感性就显露了出来，对数学这一学科整体认识也提高了一个台阶，所以我高三一年的成绩一直都没有低于 140 分。当时，我很有一种凤凰涅槃之感，所以我说，想要学好数学，必须要有一定的习题的量的积累。

当然，做题不能傻做、死做，要学会举一反三。开始的时候，大家都会觉得题"做一道是一道"，等到发现"做十道不过是一道"的时候，就说明大有长进了。这就引出了我要说的第二点内容——错题本。

很多同学看到"改错本"这三个字就皱眉，觉得这个方法很老套，而且不奏效。其实，这主要是因为你没有好好利用改错本，没有真正让它发挥功效。改错本虽名为"改错本"，但并不是改了一遍错题就完了，而要经常地翻。如果之前的改错工作做得好，改错本应该是很厚的，到邻近高考的时候，几乎每天都要翻翻看的。我的建议是，改错本要干净、整洁，字迹清晰，不要一看就让自己觉得烦躁；改错的时候，先把题抄下来，然后盖住答案，自己重做一遍；之后，用特殊颜色的笔标注出这道题的考点都有哪几个以及自己错在了哪里，为什么错（注意：这部分内容不必写得过于复杂，太浪费时间，只要自己能看懂就行了）；最后根据老师或参考答案提供的思路，把解题的其他方法写下来。错题本要时时翻看，因为一个人所犯的错误往往是相似的，你会发现你这次错的题和以前错的几乎是一道题，那就赶快把之前的题找出来，写上它在你错题本上的页码。这项工作，实际是给错题归了类。

错题本还可以用于考前的数学复习工作。数学考试之前，复习的资料就是错题本。要在考试之前，把错题本翻看一遍。翻看的同时，手边要准备一个小本或者小纸片，随着翻看概括出你最容易错的几个地方，比如，记得检验、注意 $a = 0$ 的情况，等等。进考场之前，你要做的就是放松紧张的心情，调整好心态，记住小纸片上的注意事项。

第三点要说的内容适用于考场之上。做题的时候，一定要保证自己头脑清醒（这就要求我们之前一天千万不能熬夜），要排除杂念，专心解决问题。数学题中所给的条件没有一个是冗余无用的条件，解题的过程就是一个从已知推未知的过程。当思路受阻的时候，可以采取倒推的方法——问问自己现在做到哪一步了，需要什么条件，怎么才能得到这个条件。实在做不出来的题可以先跳过去，要保持冷静，不要在一棵树上吊死。

第四点要讲的是，做数学题要讲究战术，必须知道孰轻孰重，知道哪些题是送分的，哪些题是不那么容易让你拿到分的。在考试之后的大约 45 分钟的时间里，我们应该完成选择和填空部分的全部试题，并且要保证这一部分试题的正确率。虽然都是小题，但是每道题的含"金"量都很高，一个 5 分，相当于半道大题了，如果不小心错到了 3 个，后面的大题即使做得再好，这个分数也补不回来了。而且，对待选择题，不必像对待大题一样步步推算，可以把 4 个选项代入计算，也可以对正确结果圈定一个范围，看 4 个选项谁在范围之内。总之，要在最短时间内，以最高正确率解决这一部分"白给分"的题。

至于后面的那些大题，除了最后两道题之外，也基本上是送分的题。最后的两道题，需要同学根据自己的水平酌情处理，当舍则舍。

但是，我还是想简单地介绍一下这两道题的情况。第一问和第二问很多同学其实都能做得八九不离十，而第三问的问题往往是一个"急转弯"，它不需要你做大量的计算，它就像是一个巧妙的机关，碰到了就很容易解开那扇紧闭的大门，触不到，就只能被关在外面。如果你冥思苦想仍然没有思路，那就可以大胆放弃，开始检查试卷。检查也要有所侧重，先检查那些做题时不太有把握的，然后开始回想之前所记的小纸片上的易错点，根据这些易错点检查前面的试题。

数学也是一个积累的过程，如果同学们真的有毅力坚持不懈地去做、去努力，相信很快就会有收获。当这种积累达到一定程度的时候，就自然会有大彻大悟之感，再面对数学试卷的时候也就不用害怕了。